COURS PRATIQUE

DE

FRANC-MAÇONNERIE,

PUBLIÉ SUR LA DEMANDE ET SOUS LES AUSPICES

DE LA R.·. L.·. ISIS-MONTYON,

Par le F.·. C.·. DUPONTÈS.

SECOND CAHIER.

GRADE DE COMPAGNON.

SECONDE ÉDITION.

PARIS.

Chez l'AUTEUR, au Bureau de l'*Encyclopédie Maçonnique*, rue St-Denis, 279, près des Bains St-Sauveur.

1843.

Le Cours Pratique de Fr.·.-Maçonn.·., quoique annoncé comme supplément de l'Encyclopédie Maçonn.·., est un ouvrage complet, et tout-à-fait distinct du second.

Il en est de même des deux premiers supplémens, dont l'un est le Mémoire sur l'Ecossisme, couronné par la Confédération des cinq Conseils de Chev.·. K.·. de la V.·. de Paris. Le deuxième est l'Histoire des Initiations et Expiations de l'Ancienne Egypte, suivie d'une *dissertation sur l'origine et le but des anciens mystères.* Le Mémoire, 1. 50; l'Histoire des Initiat.·., 1. 25. —25 c. de plus pour l'envoi de chacun par la poste.

L'Encyclop.·. Maçonn.·., ouvrage qui a paru par livraisons dans l'intervalle des années 1819 à 1832, et qui contient beaucoup de faits sur l'histoire de la Maçonn.·. et les dissidences; de discours sur les gr.·. et autres sujets, de mémoires couronnés par des Atel.·. sur les questions les plus importantes pour l'Ordre, d'extraits d'ouvrages marquans en Maçonn.·., etc. : quatre forts vol. in-12, 16 fr. — 18 f. avec les deux supplémens ci-dessus annoncés.

Nota. On peut demander chaque cahier séparément. Prix de chaque cahier : 1 fr. à Paris, chez l'Auteur; 1 fr. 25 c., franc par la poste, 75 c. seulement pour les Atel.·. qui demandent au moins douze exemplaires pour leurs Membres, en s'adressant directement à nous. Les frais de transport par les messageries pour plusieurs exemplaires, étant proportionnément moindres que par la poste, les acquéreurs paient le port du ballotin qui leur est expédié, ou les font prendre à notre bureau. — Toute lettre non affranchie est refusée, et les expéditions ne se font que sur l'envoi de fonds, ou d'un mandat payable à Paris.

Les cinq cahiers réunis en un fort volume, et formant le cours complet, 4 fr. 50 c. 4 fr. pour ceux qui en prennent au moins six exemplaires.

AVIS SUR CE CAHIER,

ET

PUBLICITÉ EN MAÇON.·.

L'accueil que beaucoup de LL.·. et de Maç.·. ont fait au premier cahier du *Cours Pratique*, nous impose la loi de redoubler d'efforts pour que cet ouvrage mérite de plus en plus le titre qui lui a déjà été donné, celui de LIVRE CLASSIQUE EN MAÇONN.·., ne devant laisser d'excuse à aucun initié, s'il ne connaît pas ses gr.·. à mesure qu'il vient de les recevoir. On s'apercevra sans doute du soin que nous avons mis à notre travail pour ce second cahier : peut-être avons-nous eu le bonheur de faire valoir autant qu'il le mérite, un gr.·. auquel on n'attache pas toujours l'importance qu'il a réellement.

Nous faisons un appel aux lum.·. des Atel.·. et de tous nos FF.·., disposé à recevoir avec une égale reconnaissance les observations critiques et les témoignages d'approbation. Cette communication fraternelle nous aidera à donner toute la perfection possible à nos cahiers, à mesure que nous en ferons des éditions nouvelles. C'est un ouvrage qui manquait, qui a été jugé d'une grande utilité, et auquel toute la Maç.·. doit contribuer par ses conseils.

Le 2e gr.·. est chargé de détails, surtout relativement aux emblèmes, qu'il est indispensable d'expliquer. C'est ce qui nous a forcé de donner une certaine étendue au Catéchisme. Mais on peut en lire une partie dans une séance, et une autre dans la suivante : l'instruction se trouve ainsi complétée en variant les trav.·., et sans les alonger outre mesure. Il en est de même des allocutions qui figurent dans quelques parties de la réception. Nous ne prétendons, ni substituer nos instructions aux cahiers officiels, dont elles ne sont que les commentaires, et qu'elles ne peuvent par conséquent remplacer, ni régler la marche des présidens. Nous essayons seulement de leur présenter des aperçus, que nous avons multipliés à dessein, afin qu'ils puissent choisir : ce sont des matériaux que leur savoir et leur expérience mettront en œuvre de manière à leur donner plus de valeur. Au reste, si les déclarations flatteuses de plusieurs Vén.·. nous autorisent à croire que nos cahiers peuvent être utiles à ceux qui dirigent les réceptions, ce n'est pas à ceux-ci que notre première pensée les a destinés : c'est aux nouveaux Maç.·. qui, pouvant en consulter les diverses parties chez eux et à loisir, doivent y trouver une instruction plus développée que ce qu'il est possible de leur dire en Loge.

On a introduit dans la Maç.·. à différentes époques, et l'on peut y introduire plusieurs systèmes : elle se prête aux études les plus profondes et les plus variées. Mais tous ces systèmes ne sont que les accessoires du grand objet qui l'a toujours dominée. Cet objet n'est pas simplement la morale, qui ne procède guère que par de froides démonstrations, c'est la philosophie morale, s'élevant jusqu'au premier être, échauffant les cœurs du feu sacré de la charité, de l'amour du beau, et faisant son étude de l'homme et de la nature. Elle frappe dans tous les gr.·. les esprits les moins attentifs, elle en est le principe et le but ; c'est l'ame attachée au corps, et qui est la condition nécessaire de son existence, qui a conservé l'initiation depuis des milliers d'années au milieu de tant de ruines, et qui en assure la perpétuité sous une forme ou sous une autre. Nous sommes donc certain d'être dans le vrai, d'avoir saisi l'esprit de la Maç.·. en rapportant nos interprétations à cette philosophie, sans laquelle les passions ne connaissent pas de règle, et la vertu elle-même s'égare. Rassuré sur ce point essentiel, nous pouvons abandonner la forme et le style de notre ouvrage au jugement de chacun.

La direction toute morale que nous lui donnons, nous vaudra sans doute l'indulgence des partisans du silence absolu sur les trav.·. maç.·. Les temps sont bien changés : qui ne voit que la discrétion rigoureuse, autrefois nécessaire, ne l'est pas aujourd'hui; que loin qu'il y ait danger à publier les principes de l'Institution, il y a pour elle un grand avantage à prouver qu'elle mérite l'estime et la considération de la société entière et des gouvernemens, que cette discrétion d'ailleurs est *inutile*, puisque ses trav.·. sont généralement connus; qu'elle lui serait *funeste*, parce qu'elle la placerait dans un état stationnaire et rétrograde? Qu'avons-nous donc à cacher?... Notre morale? Mais il serait bon qu'elle fût proclamée sur les toits. — Nos principes religieux? Mais, outre qu'il n'en est pas de plus pacifiques et de plus concilians, ils sont ceux de toute la partie éclairée du genre humain. La liberté des opinions religieuses n'est-elle pas de droit naturel, et ce droit n'est-il pas reconnu même par nos constitutions politiques? — Nos emblèmes?... Mais c'est un bien qu'on sache comment nous les expliquons. C'est faute de le savoir que beaucoup de Prof.·. nous croient occupés de puérilités. — Nos cérémonies? Même réponse. — Notre but? Le temps est arrivé où il est utile qu'on le connaisse. « Que votre lum.·. luise devant les hommes, a dit l'Evangile; on n'allume point une lampe pour la mettre sous le boisseau? » Est-ce que l'esprit humain est moins avancé aujourd'hui qu'il y a près de deux mille ans?

En vérité, sauf quelques formes qu'il est bon de ne pas mettre trop à découvert, nous ne voyons dans la Maç.·. que deux choses à bien cacher : 1o Les mots, signes et attouch.·., afin que nos Temples ne soient pas envahis par les premiers venus, et que nos fraternelles réunions conservent le caractère mystérieux et l'esprit de famille qui en font le charme; 2o Les torts individuels, qu'il faut juger dans l'intérieur avec fermeté quand il est besoin, mais toujours avec bienveillance, et couvrir au dehors, du voile de la charité.

Quels sont d'ailleurs les Prof.·. qui lisent des ouvrages de Maç.·.? Ne les regardent-ils pas comme des *grimoires*, ou niais, ou sataniques? On a imprimé des *Tuileurs*, ce que nous n'approuvons pas. Depuis que des LL.·. ont été ouvertes en France, des amis et des ennemis ont publié des livres qui ont tout révélé, jusqu'aux moindres détails, jusqu'aux mots sacrés et de passe. Quel mal ont-ils fait à la Maç.·.? Les Prof.·. se sont-ils introduits dans les atel.·. au moyen de ces livres? On n'est Maç.·. que par la pratique, et celui qui n'a pas cette pratique, est reconnu sur-le-champ.

On peut remarquer les efforts que nous faisons dans nos cahiers pour ne pas dévoiler certains détails. Si nous parlons de quelques cérémonies, de quelques épreuves, c'est autant qu'il nous est possible, avec un vague qui ne donnerait aucune notion précise à celui qui ne serait pas Maç.·.

Qu'on veuille bien aussi se reporter à la pensée des trois Atel.·. Isis-Montyon, qui a donné naissance à notre ouvrage, et que nous expliquons p. 136. Ils ont voulu pour leurs Membres et pour tous les Maç.·. qui partageraient leur vœu, une instruction facile et durable. L'accomplissement d'un pareil désir est une nécessité bien autrement grave que des vues étroites qui ne sont plus de notre siècle, que des craintes méticuleuses qui sont actuellement sans motifs.

TABLE DU SECOND CAHIER.

(Voir la table analytique du Cours entier, fin du 5e.)

Suite des Notes du cahier d'Apprenti.

(Note 2). p. 10. — ANCIENNETÉ DE L'INITIATION.

L'histoire de notre monde *renouvelé* (car il y a aujourd'hui certitude physique que ce que les peuples occidentaux appellent le commencement du monde, n'est qu'un renouvellement), cette histoire qui ne date que d'hier, nous apprend que les initiations existaient en Egypte il y a trois mille ans. Platon les fait remonter à douze mille. Nous ne discuterons pas le plus ou le moins d'exactitude de ce chiffre; mais il est évident que l'Egypte, contrée basse, n'a pu être habitée que longtemps après d'autres parties du globe; que par conséquent il y a eu des peuples bien antérieurs aux Egyptiens; que chez ces peuples, il s'est établi des doctrines secrètes, épurées, que l'on ne pouvait ou l'on ne voulait pas communiquer à une multitude superstitieuse, ignorante ou corrompue, et que pour la conservation de ces doctrines avec leur caractère mystérieux, il y avait des symboles, des signes, des hiéroglyphes, des initiations auxquelles on n'admettait que des hommes sévèrement choisis, et rigoureusement éprouvés. Ainsi l'Initiation est de la plus haute antiquité, et nous ne pouvons en fixer le berceau. On en trouve des traces chez les peuples les plus anciennement connus, les Caldéens, les Celtes, les Indiens et les Ethiopiens.

L'Ere des peuples, surtout en Orient, varie à l'infini : des Scythes (Tartarie indépendante) la faisaient remonter à 88 millions d'années, les Indiens à plus de 4 millions, et les Japonais, à plus de 2 millions; les Caldéens, à plus de

700,000 ; les Marges et les anciens Perses, à 100,000; les Phéniciens et les Sidoniens, à 30,000; les Egyptiens, les uns à 34,000, les autres à 23,000; les anciens Américains, à 17,000; les Etrusques, à 12,000 ; les habitans des côtes et îles d'Afrique (l'ancienne Atlantide, que l'on croit avoir été un vaste continent, dont il n'est resté que quelques îles), à 11,000. Nous ne prétendons pas que ces dates, d'ailleurs si différentes, soient fondées sur la vérité : elles prouvent du moins que ces peuples, dont l'origine est pour nous dans la nuit des temps, avaient sur leur berceau, et sur l'ancienneté du globe, une bien autre idée que les Européens. Les prêtres ou lettrés d'Egypte disaient à Solon qu'ils avaient des archives sacrées, dans lesquelles ils consignaient depuis 8000 ans, tout ce qui s'est passé de mémorable chez eux et ailleurs, et que les Grecs n'étaient que des enfans pour ce qui concerne l'antiquité.

(3). p. 10. — RAPPORTS DE LA MAÇONN.·. AVEC LE CHRISTIANISME ET LA CHEVALERIE.

Un père de l'Eglise, Saint Justin, dit en termes formels que le Christianisme est une *philosophie religieuse*. C'est également le caractère de la Fr.·.-Maç.·., qui tend à rétablir le Christianisme dans toute sa pureté, dans sa belle simplicité. Aussi les maç.·. qui en ont bien étudié l'esprit dans son origine, et celui de la maçonn.·., regardent le Christianisme comme l'anneau par lequel l'initiation moderne se lie à l'ancienne.

Le F.·. Robin, dans l'ouvrage que nous avons cité, T.·. I, *Encycl.·. maç.·.*, montre la ressemblance qui existe entre beaucoup d'usages de la maçonn.·., et ceux de la Chevalerie. Il était curé d'Angers : notons en passant, qu'au 18e siècle, beaucoup d'ecclésiastiques étaient Fr.·.-Maçons. Les procès-verbaux du G.·. O.·., que nous avons consultés, par suite d'une mission dont il nous avait chargé, font mention d'un très-grand nombre de certificats délivrés avant 1789, à des curés, à des chanoines, à des moines de tous les ordres non soumis à la clôture, principalement de ceux qui étaient composés de plus d'hommes instruits. Ce F.·. est trop exclusif lorsqu'il prétend que la maç.·. est fille de la Chevalerie ; mais il est certain qu'elle est la suite des anciennes initiations, et qu'elle s'est continuée jusqu'à nos jours par la voie du Christianisme et de la Chevalerie, deux institutions auxquelles elle a fait d'heureux emprunts.

(4). p. 11. — SUR LA DÉNOMINATION DE PROFANE.

Cette dénomination, usitée dans les mystères anciens, et dans ceux du Christianisme primitif, ne doit pas être prise en mauvaise part. Elle signifie seulement par opposition à l'initié, qui a droit d'entrer dans le temple, celui qui ne peut aller au-delà du parvis : *pro*, en avant, et *fanum*, temple. C'était dans ce sens que les anciens initiés et les premiers chrétiens employaient ce mot.

(5). p. 12.—LA MAÇONN.·., ASILE DE LA FOI RELIGIEUSE.

La maç.·. a beaucoup contribué à propager dans les classes moyennes et élevées, les principes et les habitudes de liberté, d'égalité, d'ordre, de tolérance et de philantropie. Elle a aujourd'hui un mérite tout spécial. Dans le monde, des hommes de toutes les conditions, de toutes les opinions, épouvantés des funestes résultats de l'exaltation fébrile, qui est la maladie de notre époque, se plaignent de ce que *la foi est éteinte*,

S'ils veulent parler de la foi aveugle et superstitieuse, aucun effort ne pourra la rallumer. Mais la foi éclairée, d'où sortent les dévouemens sublimes, le sentiment de fraternité, fécond en bonnes œuvres, l'esprit d'indulgence et de paix, de douces espérances, des consolations efficaces, et l'inflexibilité dans l'accomplissement des devoirs les plus pénibles, la maçonn.·. l'a religieusement conservée. Elle l'a toujours propagée avec ardeur et persévérance ; elle y travaille aujourd'hui avec plus de zèle que jamais. Il ne se prononce guère de discours dans les temples maçonn.·. de Paris et des départemens, qui ne démontrent la nécessité et les avantages de cette foi, qui ne rappellent surtout les deux principes constitutifs de la religion, qui font toute la religion, l'amour de Dieu et du prochain. Les maç.·. reportent ces principes dans leurs familles et dans la société. Ainsi, tandis que des sectes d'un autre temps affaiblissent l'esprit religieux par un alliage qui ne convient plus au nôtre, la maç.·., qui forme un grand peuple sur tout le globe, le conserve, le fortifie, l'étend avec sa pureté, sa simplicité, tel que le Christianisme primitif l'a trouvé au fond du cœur humain, et même dans les cultes les plus anciens, où de grossières superstitions l'avaient rendu méconnaissable.

On demande si la morale tient nécessairement à la religion. A la rigueur, la morale seule peut enseigner à l'homme tous ses devoirs, et démontrer à sa raison l'intérêt qu'il a de les remplir. Mais la religion en est le plus puissant auxiliaire, le flambeau le plus lumineux, la sanction la plus sûre, dans le cas où l'intérêt du moment, une passion vive, sont près de l'emporter sur le cri de la conscience. Si tous les hommes étaient dans l'heureuse disposition que Platon indique (p. 59), si, par des efforts continuels sur eux-mêmes, ils avaient contracté l'habitude de vaincre leurs passions, s'ils avaient cette délicatesse et cette énergie du *sens moral*, le plus précieux de tous les sens, et cet amour constant de l'honnête et du beau, qui rendent insensible aux séductions les plus entraînantes, ils n'auraient *peut-être* pas besoin du principe religieux pour les retenir dans la voie du bien. Mais du reste, combien ils seraient à plaindre! quelle énigme seraient pour eux, et l'univers, et la vie! quelle sécheresse aurait pour eux l'existence! de quel soutien, de quelles pensées confortantes serait-elle privée dans beaucoup d'occasions! Sauf des exceptions très rares, la généralité de l'espèce humaine est loin, bien loin de la perfection désirée il y a deux mille ans par le disciple de Socrate. Le principe religieux est pour cette généralité la philosophie la plus simple, la plus à sa portée, le frein le plus sûr, l'encouragement le plus efficace. Il a les mêmes avantages pour le philosophe, qui a aussi ses faiblesses et ses passions; il est de plus pour lui l'explication la plus satisfaisante de l'ordre physique et de l'ordre moral.

Un ancien philosophe indique à un jeune homme, comme puissant moyen de perfectionnement, de choisir parmi les gens de bien qu'il connaît, celui qu'il regarde comme le plus vertueux, de le prendre pour modèle, et en même temps pour juge de toutes ses actions, en supposant que cet homme est là, auprès de lui, témoin de ce qu'il fait ou se propose de faire. Certes, en se donnant un pareil témoin, le jeune homme s'abstiendra de toute action mauvaise, ou seulement douteuse, il sera fortement encouragé à des actes de vertu. Si la présence supposée d'un homme de bien produit cet effet, à quelle perfection arrivera celui qui élève son ame jusqu'au type de toutes les perfections, qui n'oublie pas que Dieu le voit et le juge, qu'il lit même au fond de son cœur ? Voilà ce qu'on appelle *l'inspiration divine, la grâce divine.* Elles viennent *nécessairement* à l'être humain qui puise dans une sublime pensée, rapide comme l'éclair, de bonnes résolutions, et la force de les exécuter.

(6). p. 13. — Caractère de l'Amitié maçonn.·.

Il semble que Cicéron ait voulu désigner cette douce amitié que forme entre les maç.·. la communauté de bons sentimens et de bonnes œuvres, lorsqu'il a dit : « La plus excellente et la plus solide des liaisons est celle des gens de bien qui sont unis par des mœurs semblables et par une amitié intime. »

(7). p. 14. — Portraits divers de l'Initié.

Voici en abrégé ce que les prêtres de l'Egypte disaient *de l'esprit* du véritable initié (voir *l'hist.·. des init.·. de l'anc.·. Egypte*) : « C'est un homme renouvelé, en qui l'amour de la vertu et du devoir a pris la place de toutes les passions qui le faisaient agir auparavant. On sait infailliblement, d'après ce qu'il doit faire dans toutes les circonstances, ce qu'il fera. La vie n'est rien pour lui ; mais ce n'est ni l'exemple, ni l'occasion, ni même l'amour de la gloire, qui l'engagent à l'exposer : c'est la voix de son devoir, et ce devoir est principalement dicté par l'amour de ses semblables. Il ne vit pas pour lui, mais pour le genre humain, pour la patrie, pour sa famille. C'est ce noble motif qui a inspiré un courage si magnanime aux premiers initiés, qui les a déterminés à porter les arts utiles chez les nations dont les esprits étaient incultes comme leurs terres, à purger les campagnes et les mers des brigands et des pirates, à changer ces peuples sauvages en peuples policés, par les lois qu'ils leur ont imposées, par les sciences qu'ils leur ont communiquées, et surtout par les vertus héroïques dont ils leur ont donné l'exemple...

» Mais l'ame de l'initié, cette ame si courageuse, si sublime, est simple, douce, indulgente, modeste. Cet homme, qui rassemble en lui toutes les vertus, met au-dessus de lui tous ceux dans lesquels il voit paraître quelques bonnes qualités. Il se rend témoignage de la droiture de ses intentions; mais il se défie de ses pensées et de ses vues. Il se sent incapable de commettre des injustices et des crimes; mais il reconnaît en lui toutes les faiblesses de sa nature. Toujours en garde contre ses fautes, il s'accuse souvent d'en avoir commis. C'est enfin un homme presque sans défauts, qui travaille continuellement à se corriger; c'est un homme aussi parfait que la nature humaine le comporte, qui tend sans cesse à se perfectionner. »

Voici un portrait plus moderne, tracé avec moins de vigueur et plus de prétention, mais qui, rapproché du premier, prouve que l'ancien initié et le Fr.·.-Maç.·. ont le même esprit, le même but. Il se trouve dans le discours historique, officiel, du 30e degré.

« Le Fr.·.-Maç.·. est un *philosophe pratique*, qui, sous des emblèmes religieux (et d'autres d'un genre différent), adoptés dans tous les temps par la sagesse, construit sur des plans tracés par la nature et la raison, l'édifice moral de ses connaissances. Le maç.·. doit trouver dans le rapport symétrique de toutes les parties de cet édifice rationnel, le principe et la règle de tous ses devoirs, la source de tous ses plaisirs. Il perfectionne son moral, devient meilleur, et trouve dans la réunion d'hommes vertueux, assemblés dans des vues pures, le moyen de multiplier ses actes de bienfaisance. La maç.·. et la philosophie, sans être une même chose, ont le même but, et se proposent une même fin, le culte du G.·. A.·., la connaissance des merveilles de la nature, et le bonheur de l'humanité par la pratique constante de toutes les vertus, » (*ajoutez* et par la propagation de la V.·. L.·.)

Un orateur a dit : le maçon doit être le chef-d'œuvre de la nature et de la civilisation. Son premier devoir est de faire du bien ; son second, de faire du bien ; son troisième, de faire du bien.

(8). p. 14. — La Maçonn.·. est un culte.

Etudiez tous les systèmes religieux qui ont régné dans les diverses parties du monde, et jugez s'il en est un seul aussi clair et aussi simple que celui de la maçonn.·., aussi approprié à la nature humaine, aussi éloigné d'une morale trop sévère et d'une morale trop relâchée, aussi pacifique, aussi capable de faire de véritables sages et de bons citoyens, aussi satisfaisant pour la raison de l'homme qui n'est plus dans l'enfance de la civilisation, et qui croit que sa mission sur la terre est de travailler utilement, et non d'endormir son intelligence dans le mysticisme. Observez par quelle admirable combinaison il sympathise avec tous les autres cultes, se plaît à faire remarquer les principes fondamentaux qui les unissent entre eux et avec lui-même, reconnaît que tous ont été un instrument de perfectionnement moral, qu'ils le sont encore pour certains peuples et pour certaines classes, laisse enfin à ses adeptes pleine liberté de suivre celui auquel ils sont attachés, quoique, seul, il puisse suffire aux ames fortes, aux cœurs charitables, aux esprits éclairés. Quand sera venu le moment où il pourra être un culte public, en conservant ses initiations mystérieuses, il ne faudra qu'y ajouter quelques formes extérieures. Ce temps viendra ; on sentira que dans l'intérêt de la société, ceux qui ne sont ni aveuglés par l'athéisme, ni dégradés par le matérialisme, mais qui sont opposés ou indifférens aux anciennes croyances, doivent avoir leurs temples pour y entretenir leur foi religieuse, aussi bien que les partisans de ces croyances. Au reste, ces temples existent pour les maç.·., qui ne s'empresseront pas de les rendre publics (pages 353 et 354).

(Il y avait ici quelques lignes, que nous avons dû supprimer d'après la note de la p. 14, ce qui annule cette note.)

(9). p. 22. — Appareil astronomique de la L.·.

Les nouveaux, et peut-être aussi d'anciens maç.·., ont de la peine à s'expliquer comment les deux Surv.·., placés près de l'entrée, sont dits être, l'un au sud, l'autre au nord dans un rit, et l'un à l'ouest, l'autre au sud dans un autre. Pour se conformer à la disposition indiquée, le 1er Surv.·. devrait être, au rit Français, dans le milieu du temple sur le côté, à gauche du Vén.·., et le second en face, à droite ; ils seraient réellement l'un au sud, l'autre au nord. Dans le rit Ecossais, le banc du premier étant à l'entrée qui fait face à l'est, est bien à l'ouest, mais un peu de côté ; le second se met à la place qu'occupait le premier dans le rit Français. Il n'est donc au sud que fictivement. Le motif de cette dérogation au texte des rituels, est la nécessité que les deux Surv.·. soient placés à l'entrée du temple, et en tête de leurs colonnes respectives, pour y maintenir l'ordre. Dans quelques LL.·. Ecossaises, on place encore le 2e Surv.·. sur le côté, pour y figurer le sud, qu'il ne représente pas, car pour cela il faudrait qu'il fût dans le milieu de sa colonne. Mais cette disposition, qui n'est qu'un peu moins défectueuse relativement à l'orientation, nuit à l'harmonie du local, empêche le sec.·. Surv.·. de planer sur sa col.·., et lui rend plus difficile l'exercice de sa fonction. Nous approuvons donc les LL.·. Ecossaises qui laissent les bancs de ces fonctionnaires se répondre l'un à l'autre comme dans le rit Français, en mettant toutefois le 1er Surv.·. du côté du nord, où il représente l'ouest dont il est près, et le 2e du côté du sud.

Puisqu'une loge doit être une représentation de l'univers, et que beaucoup d'atel.·. n'ont pas de local à eux, ce qui les empêche de faire peindre sur les murs et au plafond, les attributs de leur temple, il nous semble qu'elles devraient avoir un grand tableau sur toile, avec rouleaux en haut et en bas, lequel serait suspendu et retiré à volonté. Il représenterait notre monde planétaire. Au milieu serait le soleil rayonnant, puis des cercles concentriques, sur lesquels seraient peintes, partie en noir, partie en blanc, pour marquer les phases, les onze planètes connues, avec les satellites de celles qui en ont. En dehors du dernier cercle, et tout autour, seraient semées des étoiles (celle du milieu dans la partie supérieure étant flamboyante, et contenant la lettre G), ce qui ajouterait au système de notre monde planétaire, celui de l'univers entier, et le symbole de son auteur. Il va sans dire qu'on ne permettrait pas au peintre de donner une figure humaine au soleil et à la lune.

Il y aurait d'autres tableaux à faire par les LL.·. qui ont des locaux à leur usage exclusif : celui d'une riche campagne, pour mettre les beautés de la terre cultivée en regard des corps célestes ; celui d'un temple majestueux, avec ses sept marches, son pavé mosaïque, son fronton portant, attendu que le Jéhovah est à l'O.·., l'inscription Connais-toi, tous les emblèmes des trois gr.·. symbol.·. sur les degrés et en avant, auquel cas on n'aurait pas besoin dans le 2e gr.·. du tableau qu'on étend momentanément par terre, et dont les assistans ne voient pas les figures ; un quatrième enfin, au milieu duquel serait un petit autel avec le feu sacré, et de chaque côté une belle femme, l'une ayant la main droite et les yeux élevés vers le ciel, pour représenter la foi religieuse du monde entier, l'autre pour figurer la charité, distribuant du pain à de pauvres enfans, ce qui ferait quatre tableaux, deux au sud, deux au nord, entre l'orient et les colonnes, et produirait un bon effet pour les yeux et pour la pensée. Ces trois derniers tableaux sont peut-être du luxe ; mais le premier nous paraît nécessaire, pour remplacer sur une plus large échelle, la sphère, que prescrivent les rituels.

(10). p. 22. — Colonnes, ancien Matériel des LL.·.

La col.·. surmontée de l'étoile flamboyante, était placée à l'orient ; l'usage l'ayant supprimée depuis, on a dit assez bizarrement qu'elle est représentée par le Vén.·., et l'étoile a été mise dans un transparent, au fond de l'O.·., ou remplacée par le *Jéhovah* dans le triangle lumineux. Comme il importe de conserver ce dernier signe pour le gr.·. d'App.·., il est bon de n'y substituer l'étoile que dans celui de Compagnon.

On attribue aux trois col.·. le sens de *force, sagesse* et *beauté*. Mais le mot dont J est l'initiale, signifie proprement *préparation du Seigneur;* c'est la sagesse de l'homme qui prend ses inspirations dans le sentiment religieux. Celui qui se rapporte au B, veut dire *en force;* c'est la ferme persévérance dans le bien. Outre son sens grammatical, B.·. est historiquement un symbole de la bonté, de cette bienfaisance délicate qui épargne l'humiliation à la personne qu'elle oblige. On connaît l'épisode touchant de l'attachement filial de Ruth à sa belle-mère Noémi, qui avait perdu son mari et ses deux fils, attachement dont elle fut récompensée par son mariage avec cet homme riche. Ruth était réduite à glaner : B.·. recommande à ses moissonneurs de laisser derrière eux beaucoup d'épis, afin qu'elle puisse les ramasser sans rougir. Il lui donne des provisions pour elle et sa belle-mère, et l'épouse pour la tirer de la misère, et remplir le vœu de la loi hébraïque, étant parent de l'ancien mari de Noémi. Est-ce pour signaler les bienfaits de B.·. à son égard, qu'elle reçut le nom de *Ruth,* qui veut dire *rassasiée?* Beaucoup de noms anciens répondent à la situation des personnages. (Voir plus loin la note sur Salomon *.)

---

* Nous avons consulté les Vocabulaires des mots Hébreux, Syriens, Caldéens, etc., afin de donner autant qu'il nous est possible, le vrai sens des mots que la maç.·. a empruntés à d'anciennes langues. Pour bien comprendre les choses, il faut entendre les mots qui les désignent.

Dans une init.·. d'App.·., le Vén.·., après avoir dit au Récép.·., que le temple des F.·.-M.·. est soutenu par deux col.·. qui portent pour devises les lettres J et B, lui demanda s'il entrevoyait un sens moral dans ces lettres, et lequel. Celui-ci répondit qu'elles signifiaient sans doute *justice* et *bonté*. La L.·. charmée de cette réponse, qui montrait un homme capable de comprendre la maç.·., le dispensa des épreuves qui lui restaient à subir, et il reçut la lum.·. sur-le-champ. La justice et la bonté sont en effet les bases de tout système moral, et nous aimerions qu'en conservant l'interprétation que l'on donne aux deux lettres, on y ajoutât celle-ci. Par la justice, on ne fait de tort à personne; c'est le devoir rigoureux. La bonté va plus loin : elle s'élève jusqu'à la vertu, en faisant aux autres tout le bien que l'on peut.

Outre les grenades dont le chapiteau des col.·. est surmonté (p. 22), on le trouve souvent orné soit de feuilles d'acanthe, soit de roses et de lys sur une col.·., et de branches d'acacia sur l'autre. Les feuilles d'acanthe ont paru si belles aux anciens, qu'ils en décoraient le chapiteau de leurs colonnes de l'ordre Corinthien, et les faisaient broder sur leurs plus riches habits. Elles sont, avec les roses, les lys et les grenades, une allusion à l'agrément et aux fruits que nous procurent les sciences, les arts, la recherche de la vérité, et tout ce qui se fait de bon dans la maç.·.

Il y avait autrefois dans les LL.·. un matériel beaucoup plus considérable qu'aujourd'hui, où l'on ne s'occupe presque plus que de trav.·. intellectuels. C'est qu'alors on s'y livrait, au moins quelques instans et dans certaines grandes séances, à des trav.·. manuels relatifs à l'art de bâtir. On élevait une muraille et des piliers, avec des pierres sur chacune desquelles était une lettre. Il fallait les assembler de manière à former le nom d'une vertu, telle que *charité, bienfaisance, fidélité,* etc. Les App.·., dits *manœuvres*, choisissaient les pierres dont la réunion composait le mot donné, et les apportaient aux ouvriers (*compagnons*), qui bâtissaient sous l'inspection des *maîtres*, dirigés par les *architectes* (4e et dernier gr.·.). Les manœuvres préparaient aussi une espèce de mortier, et l'apportaient dans une auge. Les Comp.·. l'étalaient avec la truelle. On avait plusieurs chambres pour la préparation et l'exécution des différens travaux. Cet attirail a été considérablement réduit par le caractère tout différent que les trav.·. ont pris. Ils étaient alors un jeu, auquel on se livrait sérieusement, et qui donnait lieu à quelques explications simples, plus facilement comprises, au moyen des signes extérieurs, par les esprits peu cultivés. Ajoutez que les réceptions étaient ordinairement suivies d'un banquet, ou au moins d'une collation, où l'on se livrait aux douces jouissances de l'amitié fraternelle.

Ce fut par ce mélange de grave enfantillage (*), des plaisirs de la table, et de trav.·. qui avaient un caractère de mystère et de singularité, d'où ressortaient des instructions sérieuses, opposées aux préjugés d'alors, que la maç.·., apportée ou ramenée en France par les Anglais, vers le tiers du 18e siècle, éveilla la curiosité, eut de nombreux partisans, et fut, par la pratique, plus

(*) Cette apparence d'enfantillage contribua beaucoup à rendre moins actif l'esprit de persécution qui s'élevait de temps en temps contre la maç.·.

que par la puissance de la parole, une école de fraternité, d'égalité, de bienfaisance, et de tolérance, surtout à l'égard des opinions religieuses. L'esprit philosophique pénétrait dans les rangs élevés. Des nobles, des ecclésiastiques séculiers et réguliers (note 3), aimaient à *faire* momentanément *de l'égalité* avec des bourgeois, dans un monde à part. Ceux-ci n'étaient pas moins charmés de ces relations d'une égalité parfaite, avec des personnages au-dessus d'eux dans l'ordre civil.

(11). p. 23. — Jéhovah.

Suivant la plupart des étymologistes, *Jéhovah* signifie *celui qui est*, et cette explication est conforme au sens de la Bible, qui a fait dire à Dieu, Exode, *chap.·.* III, *vers.·.* 14 : *je suis celui qui est.* C'est en effet le seul nom que l'on puisse donner à Dieu, l'être par essence, sans commencement, sans fin, cause *nécessaire* de tout ce qui existe, à laquelle le *métaphysicien* croit, parce que rien ne peut exister sans cause, comme y croit l'*observateur*, parce que la magnificence et l'ordre de l'univers prouvent une souveraine intelligence, créatrice et ordonnatrice, comme y croit le *moraliste*, parce qu'il y a une loi naturelle au fond de tous les cœurs, la conscience universelle du juste et de l'injuste, le sentiment de tous les peuples, qui repousse le hasard comme une idée trop aride et trop absurde. Or, il n'y a pas de loi sans législateur, et l'on n'argumente pas contre le sentiment, contre celui de tous les pays et de tous les peuples.

Dieu ne pouvant se définir que par lui-même, les Fr.·.-Maç.·. n'interrogent pas le récipiendaire sur la nature divine : elle échappe à notre intelligence et à nos définitions. C'est ce qui fait dire au philosophe de Genève : « J'aperçois Dieu partout dans ses œuvres, je le sens en moi, je le vois autour de moi. Mais sitôt que je veux le contempler en lui-même, sitôt que je veux chercher où il est, ce qu'il est, quelle est sa substance, il m'échappe, mon esprit troublé n'aperçoit plus rien. »

C'est encore ce qui a inspiré ce beau vers à Voltaire :

Pour dire ce qu'il est, il faut être lui-même.

Les Egyptiens avaient la même pensée. On lisait sur un temple d'Isis : « Je suis celui qui est, et nul n'a levé le voile qui me couvre. » Le mot *Isis,* qui représente ce que nous appelons vaguement la nature, composé de la syllabe répétée *Is*, signifie également *ce qui est.* Le mot a varié selon les climats, et l'on pourrait d'après ses différentes prononciations, trouver de la conformité avec lui, dans les noms par lesquels plusieurs langues ont désigné le premier être.

Les Druides, nos pères, rendaient un culte à Isis ; elle avait un temple célèbre à Issy, près de Paris. Le village et la capitale en ont pris leur nom : *par-isis.*

Pour ne pas prononcer le mot ineffable de Jéhovah, les Hébreux le désignaient souvent par le nom de *Tetragrammaton*, c'est-à-dire, de quatre lettres, J H V H, en supprimant les voyelles.

Nota. Les emblèmes qui ne sont pas expliqués dans le Catéch.·. d'App.·., le sont dans celui de Comp.·.

(12). p. 29. — Peu ou point d'Athées.

Il est bien rare qu'un récip.·. élève des doutes sur l'existence d'une première cause. Pour peu qu'on pousse sur cette question un homme qui paraît hésiter, on reconnaît qu'il n'y a pas ou qu'il y a très peu de véritables athées. Des argumens bien simples lui prouvent que le dogme du hasard n'est pas soutenable. Si quelques-uns, par étourderie, ou par vanité, pour se donner les airs d'esprits-forts, paraissent ou déclarent même ne pas croire, c'est le dieu créé par la superstition qu'ils rejettent. Mais quand on leur parle d'un premier être, auteur et conservateur des lois et des merveilles de la nature, ils s'empressent d'avouer qu'il y aurait de la folie à prétendre qu'un aussi beau mécanisme n'est pas l'ouvrage d'un grand mécanicien. Ce sont les crimes du fanatisme et les persécutions religieuses, ce sont les passions et les caprices qu'on a donnés à Dieu, qui ont fait des athées. Il y en avait dans l'Espagne seule plus que dans tous les autres pays de l'Europe ensemble, à l'époque où l'Inquisition sévissait avec le plus de fureur.

(13). p. 33. — TARTARE ET CHAMPS-ELYSÉES.

C'est d'après ce qui se passait dans les temples d'Egypte et d'Eleusis, que les mythologues et les poètes ont décrit ces deux séjours opposés du crime et de la vertu après la mort. Voir le sixième livre de l'Enéide de Virgile, un des chefs-d'œuvre de la littérature dans toutes les langues nciennes et modernes.

(14). p. 38. — EPREUVES PHYSIQUES.

Nous avons exprimé p. 36, le désir de les voir perfectionner par la chimie, la physique et la mécanique. Mais parmi les épreuves nouvelles qu'on proposerait à la maçonn.·., elle ne pourrait accepter que celles qui répondraient au but et à la dignité de ses trav.·., qui inspireraient aux récip.·. de l'estime et du respect pour l'Institution et pour ses membres, qui enfin n'auraient aucun danger, même dans le cas d'une distraction, d'une imprudence ou de la maladresse des préparateurs.

Sauf quelques accessoires, on se borne généralement aujourd'hui aux trois voyages, et l'on fait bien, faute de moyens pour de grandes et énergiques épreuves qui rempliraient les conditions ci-dessus. Mais il n'y a pas bien longtemps encore que des LL.·. s'en permettaient de très blâmables.

Par exemple, après avoir prévenu le Récip.·. que l'Institution exige de lui une soumission absolue aux ordres qu'il recevra, on ajoutait que pour preuve de cette soumission, il fallait qu'il déchargeât un pistolet sur la poitrine d'un mauvais frère que la L.·. avait condamné à mort, et on lui demandait s'il y était décidé, lui faisant entendre qu'en cas de refus, il ne serait pas admis. Il consentait ordinairement, convaincu qu'il y aurait substitution, ou autre tour de prestidigitateur, d'après lequel le coup serait très innocent. Après une manœuvre capable de lui persuader que le pistolet était chargé à balle, on lui faisait toucher l'homme qu'il devait frapper; il lui appuyait l'arme sur la poitrine, et lâchait la détente. Sans parler du danger d'une erreur dans la substitution du pistolet, en supposant même une combinaison d'après laquelle ce danger n'existerait pas, une pareille épreuve ne serait bonne tout au plus qu'à proposer, *sans l'exécuter*, comme moyen d'apprécier le jugement et le caractère du candidat, afin de le rejeter, de l'ajourner, ou du moins de lui adresser une sévère leçon, s'il était assez dépourvu de sens pour croire qu'une société sans autorité légale, a le droit de disposer de la vie de ses membres, assez fanatique pour être prêt à commettre un assassinat parce qu'il aurait promis obéissance.

Telle serait la conclusion à tirer, si le récip.·. acceptait la proposition de bonne foi. Mais s'il ne l'a acceptée que parce qu'il ne l'a pas crue sérieuse, c'est lui à son tour qui juge les maç.·., et qui les accuse avec raison de jonglerie et de mensonge.

Il en est de même de l'épreuve dite *de la tête de Saint-Jean*, sauf que le récip.·. n'est pas chargé de l'office de bourreau. Elle a de plus le mérite d'être horrible, dégoûtante, digne de Cannibales. L'aspirant rira aux dépens des maç.·., s'il a assez de sens commun pour ne pas croire à la réalité : il s'indignera, et refusera l'initiation, si, en y croyant, il a une juste horreur du crime.

La *coulisse,* qu'on emploie encore dans quelques LL.·., a ses dangers. Si un préparateur lance la caisse avec force, et il y en a des exemples, son extrémité inférieure frappe violemment contre les marches de l'O.·., les franchit quelquefois, et il peut en résulter un contrecoup fatal pour le récipiendaire. Il y a un autre danger, dont nous avons été témoin. On avait oublié de fixer le crochet qui retient la partie inférieure de la coulisse à la partie supérieure. Heureusement on s'en est aperçu au moment où la caisse allait être lancée. Un instant plus tard, le récip.·. aurait été grièvement blessé, et peut-être à mort. La L.·. Isis-Montyon emploie quelquefois, et toujours avec succès, un barreau en bois arrondi, soutenu vers ses deux bouts, entre les deux colonnes. Parvenu sur le haut de la bascule, l'aspirant est averti de lever les bras, et de saisir fortement le barreau qu'il va rencontrer. On déplace la bascule, et il reste suspendu en l'air, jusqu'à ce qu'on lui commande de lâcher prise. Ne tombant pas de bien haut, il se retrouve sur ses pieds, et des FF.·. sont là pour le soutenir au besoin. C'est l'imitation, sans danger, de l'antique épreuve appelée *la purification par l'air*. La descente par une trape, quand on a le mécanisme qui la rend sûre, est encore une faible copie de la descente périlleuse des aspirans dans un puits, pour arriver aux souterrains de l'initiation. Le châssis offre aussi un moyen de varier ces sortes d'épreuves : il produit de l'effet sur le récip.·., et il n'y a que quelques précautions très faciles à prendre pour qu'il ne tombe pas. C'est à la rigueur un enfantillage, mais qu'on peut se permettre faute de mieux, et qu'on abandonnera lorsqu'on aura les moyens de faire des épreuves plus décisives.

L'épreuve du *prisonnier* a bien aussi l'inconvénient de supposer au candidat une crédulité passablement naïve. Mais le sujet est loin d'avoir la même gravité : on propose un service à rendre, et non un meurtre. L'invraisemblance peut aussi être atténuée, si le prisonnier ne se plaint que d'une captivité de quelques heures, dont il ne connaît pas le terme, et qui va inquiéter sa famille. Elle met le récip.·. dans une situation embarrassante pour lui, piquante pour les témoins, entre son devoir rigoureux et une juste commisération. Ce n'est dans la réalité qu'une épreuve morale, sous la forme d'un petit drame, qui la rend plus frappante, et il est bon de la faire de temps en temps. Il serait à souhaiter qu'on en eût plusieurs de ce genre, pour varier.

(15). p. 39. — Questions aux Récipiendaires.

Les questions sur les trois grandes classes de devoirs, avons-nous dit, p. 38, nous paraissent les meilleures qu'on puisse adresser aux aspirans. De ces questions générales sortent beaucoup d'autres, accessoires et de détails, que les Vén.·. peuvent faire à leur gré. Les simples aperçus exposés, p. 31 et 32, en sont une sorte de programme, que nous ne prétendons pas donner comme complet.

On doit éviter toutes questions systématiques, par trop métaphysiques et scientifiques, qui ne conduiraient pas directement à une conclusion morale, et dont le but ou l'effet serait de fournir au Vén.·. ou au Récip.·. l'occasion de faire un vain étalage d'érudition. Nous avons vu, il y a quelques années, un exemple remarquable, et qu'il nous semble utile de citer, de l'inopportunité des questions de ce genre. Un Vén.·. avait fait remettre à un Récip.·. les questions suivantes à résoudre par écrit : 1° *Qu'est-ce que le mouvement ;* 2° *La matière a-t-elle toujours existé ?* Celui-ci, qui s'attendait, d'après ce qu'on lui avait dit de la maç.·., à des questions d'une tout autre nature, prit sur-le-champ le parti de décliner une discussion qui lui paraissait oiseuse dans la circonstance, et qui pourrait se prolonger sans amener aucun résultat. Voici les réponses laconiques qu'il envoya : pour la première, *c'est un fait ;* pour la seconde, *je n'en sais rien, et je ne suis pas curieux de le savoir.* Le Vén.·., qui avait fait une ample provision de notes, fut visiblement désappointé. Le Récip.·. est introduit ; le Vén.·. emploie tous les moyens pour l'engager dans la discussion ; l'aspirant reste inébranlable sur le terrain qu'il a choisi. Il dit, quant au mouvement, qu'il ne peut être expliqué que comme un fait, qu'il ne l'est pas autrement en physique, où l'on dit que c'est le *changement de place de la part d'un corps*, ce qui n'est qu'une explication grammaticale du mot pour celui qui n'en saurait pas la signification, et non une définition philosophique. Il rappelle qu'un homme sensé, à qui un pyrrhonien niait le mouvement, ne s'amusa pas à discuter, mais le réfuta en marchant devant lui. Quant à la matière, il soutient que si nous connaissons quelques-unes de ses propriétés, sa divisibilité, sa solidité, sa mobilité, etc., et depuis Newton, l'attraction, nous ne savons pas quelle en est l'essence, et que probablement nous ne le saurons jamais. Si la matière a été créée, de quoi l'a-t-elle été? Si elle est éternelle, c'est un être nécessaire, infini, c'est un Dieu, ce qui est absurde, et mène à la négation d'une suprême intelligence, à moins qu'on ne suppose deux divinités, l'une passive, l'autre active, ce qui est encore une absurdité... Enfin, poussé à bout par une lutte que le Vén.·. s'obstine à continuer, il ne dissimule pas que ces questions, sur lesquelles on peut longtemps parler, beaucoup écrire sans être plus avancé, lui semblent inutiles pour l'amélioration et le bonheur de l'homme, et que c'est pour cela sans doute que Dieu n'en a pas mis la solution à notre portée, ainsi que de bien d'autres mystères de la nature.

Le Vén.·. fut obligé de replier ses notes, sans doute très savantes, et dans les groupes qui se formèrent après la séance, il fut dit que les rôles avaient été intervertis, que le Récip.·. avait dominé la discussion, et que c'était le Vén.·. qui avait été mis sur la sellette.

(16), p. 48, 49 et 61. — Loges d'Adoption.

Lorsque, pour préparer la rédaction de cette

note, nous eûmes résumé les faits, les argumens pour et contre, et les considérations que nous aurions à présenter, nous avons reconnu que le sujet, qui a de l'importance à cause de celle que beaucoup d'Atel.·. y attachent, et qui en aura davantage si l'on parvient à faire une bonne maç.·. d'adoption, est trop vaste pour être traité en quelques lignes, et qu'il exige un chapitre spécial et mûrement réfléchi. Nous entreprendrons ce travail lorsque nous aurons terminé celui de tous les grades. Ce délai nous est d'autant plus nécessaire, que depuis l'impression de la note par nous promise, p. 61, la L.·. Isis-Montyon a essayé pour les jeunes personnes un mode de réception tout-à-fait différent de l'ancien, pour lequel on n'a que de vieux cahiers, les uns absurdes et vraiment atroces, à l'existence desquels nous ne croirions pas si nous ne les avions en notre possession, les autres abondans en niaiseries, qui prêtent quelquefois à des réflexions peu décentes, la G.·. L.·. de Fr.·., et ensuite le G.·. O.·. n'ayant jamais dirigé la maç.·. d'adoption. Cette réception a été regardée par tous les Maçons présens, et par toutes les dames, qui étaient en grand nombre, comme présentant sous des formes heureuses et agréables, les meilleures leçons que l'on puisse donner à une jeune personne sous le rapport des principes et de la conduite. Il sera fait incessamment un second essai de ce mode à une heure et dans un local où pourront se réunir beaucoup de visiteurs. S'il répond au premier, nous tracerons le plan de la réception dans le chapitre que nous consacrerons à la MAÇ.·. DES DAMES. Nous aurons droit de l'appeler ainsi ; car ce sera une véritable maç.·., tandis que jusqu'ici les LL.·. d'Adop.·. n'étaient guère, comme nous l'avons dit dans la note de la p. 49, que des parties de plaisir. (Voir p. 348.)

(17). p. 62. — Banquets mensuels.

Cet usage s'est conservé jusqu'en 1828 dans la L.·. des Amis-Incorruptibles, présidée par le F.·. Houssement, qui en a été le Vén.·. pendant 45 ans, le seul qui ait aussi longtemps survécu au remplacement de la G.·. L.·. par le G.·. O.·., et joui du droit de perpétuité réservé aux Vén.·. alors en exercice. Cette L.·. n'était guère, sauf les formes maçonn.·., qu'une association d'amis, la plupart négocians, qui se réunissaient tous les mois en banquet. L'administration était fort simple : elle était tout entière dans les mains du Vén.·., que l'on savait, d'après son caractère et sa position, incapable d'en abuser. Il disposait seul des secours, et donnait ordinairement une méd.·. de comp.·. aux Maçons malheureux qui se présentaient chez lui avec des titres valables; il en était de même des autres dépenses. Ainsi, point de discussions administratives ; on n'avait pas non plus de prétentions à la science et au talent de la parole. Les trav.·. de la L.·. n'étaient ouverts que pour la forme et pour un instant, et l'on se hâtait de passer à la salle du banquet. Les réceptions, fort abrégées, et réduites au plus simple formulaire, étaient rares, parce que les membres n'admettaient que des connaissances intimes, et que la cotisation annuelle était de cent francs, qui donnaient droit d'assistance aux banquets de chaque mois. Cette L.·. si ancienne, très recommandable sous le rapport de sa composition, de la bienfaisance, et de l'amitié fraternelle qui en unissait les membres, s'est éteinte très promptement après la mort de son chef.

INSTRUCTION

SUR LE

GRADE DE COMPAGNON

AUX DEUX RITES, FRANÇAIS ET ÉCOSSAIS.

La lettre *p* indique le renvoi à la page désignée ; Q.·. à une question du Catéch.·. de Comp.·. ; le signe *, à une note de peu d'étendue, qui est au bas de la page ; les lettres *a*, *b*, etc., que nous avons employées afin qu'on ne confondît pas les notes du 2e gr.·. avec celles du premier, qui sont numérotées, marquent le renvoi à des notes plus longues, qui terminent la présente Instruction.

CHAPITRE V.

CATÉCHISME DU COMPAGNON,

OU

Conférence entre le Vén.·. et les Surv.·.

Nota. Nous numérotons les questions, afin qu'on en trouve plus facilement les réponses quand on les cherche ou que nous y renvoyons, et aussi pour que les Vénér.·. puissent indiquer aux Surv.·. par les nos, les questions auxquelles ils passent, lorsqu'ils jugent à propos d'abréger la lecture du Catéchisme en L.·.

Voir p. 9, cahier d'App.·., pourquoi certaines réponses sont imprimées en italique.

LE VÉN.·. AU 1er SURV.·.

1. DEMANDE : F.·. 1er Surv.·., êtes-vous Comp.·.?

RÉPONSE. *Je le suis, je connais la lettre G.* *

* Quelques cahiers indiquent une réponse un peu différente. Celle que nous adoptons, outre le mérite de la simplicité, qui la rend facile à retenir, est plus rationnelle et

2. D. Que signifie cette lettre ?

R. Elle est d'abord l'initiale de cette expression *Grand Archit.·. de l'Univ.·.*, par laquelle les Fr.·.-Maç.·. désignent l'Être éternel, et du nom qui dans plusieurs langues, et notamment en Anglais, répond au nom Français *Dieu*.

Elle est aussi l'initiale du mot *Géométrie* *.

3. D. Où avez-vous reçu le deuxième gr.·. ?

R. *Dans une loge juste et parfaite de Comp.·.*

4. D. Que faut-il pour qu'une L.·. soit juste et parfaite ?

R. Il faut qu'elle travaille régulièrement sous la direction des Dignit.·. et Offic.·. qu'elle a nommés, et avec le nombre de membres exigés par les lois Maçonn.·.

5. D. Comment êtes-vous parvenu à ce gr.·. ?

R. *Par le travail, le zèle* et *la prudence.*

6. D. Qui vous a présenté ?

R. Le F.·. second Surv.·., auquel j'ai remis la demande en augmentation de salaire, que j'adressais à la R.·. L.·.

7. D. Qu'a-t-il fait ?

R. Après avoir vérifié que j'avais fini mon temps, c'est-à-dire que j'avais assisté à cinq te-

---

plus significative, puisqu'elle se rapporte au premier symbole du grade. Elle est aussi plus concordante avec celle qu'on fait dans le 3e, et elle se trouve pour le Comp.·., dans les cahiers officiels de gr.·. supérieurs, où le candidat est examiné sur les précédens.

* Tout doit être motivé et expliqué, et il faut omettre ce qui ne peut l'être d'une manière satisfaisante. Ce qui ne l'est pas ici, le sera plus loin, ou dans le chap.·. et les § à la suite du catéchisme.

nues de ma L.·.*, il m'a interrogé sur le Catéchisme d'App.·., m'a demandé les mots, signes et attouch.·., que je lui ai donnés, et a écrit au bas de ma requête, que sauf un nouvel examen par la L.·., il me croyait digne de *passer de la perpendiculaire au niveau.*

8. D. Avez-vous subi ce nouvel examen ?

R. Le Vén.·. me l'a fait subir en pleine L.·., devant les autres App.·., puis j'ai couvert le temple ; et lorsque j'ai été rappelé, il m'a annoncé que la loge consentait à me présenter à celle de Comp.·.

9. D. Comment vous êtes-vous disposé à cette seconde initiat.·. ?

R. En repassant les instructions de la première, afin de m'en bien pénétrer, et de m'affermir dans les principes de la maçonn.·., et en prenant la résolution de faire à la caisse des pauvres, le jour de ma réception, une offrande plus forte qu'à l'ordinaire.

10. D. Avez-vous exécuté cette bonne résolution ?

R. Oui, Vén.·.

11. D. Où vous a-t-on placé avant de vous présenter à la L.·. de Comp.·. ?

R. J'ai été de nouveau livré à la méditation et à la solitude dans la chambre de préparation, d'où j'ai conclu que le Fr.·.-Maç.·. doit mûrement réfléchir à l'utilité et aux conséquences de ce qu'il projette, et aux moyens de le bien faire.

12. D. Comment avez-vous été introduit ?

R. J'ai été conduit par le F.·. Expert, à la

* On ne peut abréger ce délai que pour des cas d'urgence reconnus et approuvés par la L.·., et en faveur de l'App.·. qui prouve son instruction sur le 1er grade.

porte du temple, les yeux libres, et vêtu de manière à être leste et dispos pour le travail. La bavette de mon tablier était relevée, et je portais dans la main gauche une règle appuyée sur mon épaule du même côté. Après avoir frappé en App.·., et l'entrée m'ayant été accordée, je me suis avancé à l'ordre et par la marche du même gr.·.

13. D. Que vous a dit le Vén.·.?

R. Que sur la recommandation de la L.·. d'App.·., celle de Comp.·. était disposée à m'élever au 2e gr.·., si je répondais bien aux questions qu'il allait m'adresser. Il m'a demandé d'abord si les Maîtres étaient contens de mon travail. J'ai répondu qu'ils paraissaient l'être, puisqu'ils consentaient à une augmentation de salaire en ma faveur. Il m'a fait plusieurs autres questions, notamment sur mes dispositions maçonn.·., et sur les principes généraux de la maçonn.·. Aucun F.·. ne s'opposant à ma réception, qui avait déjà été arrêtée conditionnellement, le Vén.·. Maître y a procédé.

14. D. Pourquoi le Vén.·. vous a-t-il demandé si les Maîtres étaient contens de votre travail ?

R. Pour m'avertir qu'il y a une subordination hiérarchique suivant les gr.·. et les fonctions, et que la maç.·. n'accorde de nouvelles faveurs qu'à ceux qui ont profité des instructions qu'ils ont reçues.

AU SECOND SURV.·.

15. D. F.·. sec.·. Surv.·., quelles ont été les formes de votre réception ?

R. Bien simples, et cependant très caractéristiques. Après une courte instruction du Vén.·., il m'a fait faire cinq voyages autour d'un tableau qui représentait différens objets. Il m'en a expliqué le sens, ainsi que celui de chaque voyage, et des instrumens réunis dans la Loge. J'ai prêté mon obligation entre ses mains, il m'a consacré, m'a communiqué les mots, signes et attouch.·. du gr.·., et m'a fait proclamer Comp.·.

16. D. Quelle idée vous êtes-vous faite de ce gr.·. ?

R. Il m'a confirmé dans la haute idée que, dès le premier, j'ai prise de la maç.·., et de ses précieux enseignemens. J'ai remarqué avec autant de plaisir que d'intérêt ses formes simples, et ses emblèmes, dont le sens se reconnaît facilement et sans interprétation forcée.

17. D. Y avez-vous reconnu quelques spécialités ?

R. J'ai cru y reconnaître trois caractères principaux.

D'abord, il m'a paru être le complément du premier, comme il l'était dans les anciens mystères, où il s'appelait l'*initiation parfaite*.

18. D. Comment cela ?

R. Il développe ce que les formes de la réception, et les grandes considérations qui sont présentées dans l'initiation au 1er gr.·., n'ont permis que d'indiquer sommairement. Alors on ne m'a parlé que de quelques emblèmes, et c'était assez pour un Prof.·. qui n'était pas encore préparé à en apprécier la sagesse et la portée. Dans le 2e gr.·., on m'a montré tous ceux qui sont relatifs aux travaux manuels, et particulièrement à l'art de l'architecture. J'ai admiré avec quel bonheur et quelle sagacité la maçonn.·. pénètre les esprits et les cœurs d'importantes vérités au moyen de signes matériels, qui en frappant les sens, font sur les ames une impression plus forte et plus durable (*a*).

19. D. Quel est le second caractère du gr∴?

R. Il avertit le récip∴ qu'en continuant de travailler à son propre perfectionnement, comme il a été recommandé à l'App∴, il doit étendre la sphère de ses idées, et contribuer par ses œuvres au bien-être et au perfectionnement social.

20. D. Quel est le troisième caractère?

R. En mettant sous les yeux du Candidat un grand nombre d'instrumens des travaux manuels, qui ont été les premiers dans la marche de la civilisation, parce qu'ils sont de première nécessité, il lui apprend, d'abord, que l'homme est destiné au travail, que c'est la source de son bonheur et de la félicité commune; en second lieu, qu'il doit s'honorer des travaux manuels, s'il s'y livre, et les honorer dans les autres, s'il est occupé de travaux d'un autre genre.

21. D. Pourquoi étiez-vous vêtu de manière à être leste et dispos pour le travail?

R. Parce que le 2e gr∴ restituant aux trav∴ manuels la considération qui leur est due, et que le préjugé féodal et l'oisiveté orgueilleuse leur ont longtemps refusée, l'App∴ qui se présente pour être Comp∴, doit prouver par son extérieur, l'estime qu'il a pour ces trav∴, et sa disposition à y prendre part.

22. D. Pourquoi portiez-vous une règle?

R. Toujours en signe d'estime pour ces mêmes trav∴, et pour ceux qui s'y distinguent; sous le rapport moral, en signe d'une parfaite régularité dans ma conduite.

23. D. Pourquoi aviez-vous la bavette de votre tablier relevée?

R. Parce que, sous le rapport matériel, le Manœuvre, nom que l'on donnait autrefois à l'App∴, a besoin de se mieux couvrir de son tablier, étant occupé de trav.·. plus grossiers que ceux du Comp.·.; sous le rapport intellectuel, celui-ci porte ses études plus loin que l'App.·.

24. D. Pourquoi n'aviez-vous plus de bandeau sur les yeux ?

R. J'avais vu la lumière. La Loge en m'avançant en gr.·., me jugeait digne de la conserver. Cette lum.·. ne nous abandonne plus lorsque nous persévérons à la prendre pour guide, à l'entretenir, à l'augmenter en nous au flambeau de la philosophie maçonn.·., sans quoi nous retomberions bientôt dans l'obscurité de l'ignorance et dans les illusions de l'erreur.

AU 1er SURV.·.

25. D. F.·. 1er Surv.·., que signifie la formule *demander une augmentation de salaire?*

R. Elle s'emploie pour demander le 2e ou le 3e gr.·. de la maçonn.·. symbolique. Le F.·.-Maç.·. ayant à travailler à la construction d'un temple, qui, dans la réalité, n'est qu'un temple moral, dont il est à la fois la matière et l'ouvrier, conserve l'allégorie en prenant le langage des ouvriers, qui reçoivent un salaire plus fort, suivant qu'ils sont Comp.·. ou Maîtres.

26. D. Quel est le sens de cette autre expression *passer de la perpendiculaire au niveau?* *

R. On désigne ainsi le passage du 1er gr.·. au second. Le premier m'ayant prescrit de mettre dans ma conduite la droiture qui fait l'homme d'honneur, et l'aplomb qui fait l'homme conséquent à ses principes, et constant dans la pra-

---

* Elle est aussi appelée dans les arts et métiers, *ligne d'aplomb*, ou simplement *plomb*, à cause du poids qui tient le cordon tendu.

tique du bien, ce qu'indique la perpendiculaire, j'ai appris dans le gr.·. de Comp.·., par le niveau, signe de l'égalité, à me mettre en garde contre l'orgueil et la vanité, à ne pas me croire plus parfait que mes FF.·., à être toujours modeste. De cette nécessité de la modestie, j'ai conclu que je dois me défier de la faiblesse humaine, et ne compter sur ma persévérance dans le bien qu'au moyen d'une lutte continuelle contre les mauvaises passions.

27. D. Quels sont les ornemens d'une L.·. de Comp.·.?

R. Les mêmes que dans celle d'App.·., excepté que le Delta transparent est remplacé par l'étoile flamboyante, et qu'au milieu du temple sont placés sur une table divers instrumens, savoir, un hoyau, un glaive, un fort maillet, un ciseau, une truelle, une règle, un compas, une pince, une équerre.

Entre cette table et l'orient est un tableau sur lequel sont peints d'autres emblèmes.

En avant du 1er Surv.·. est une pierre cubique polie, à pointe, et en avant du second, une pierre brute.

Aux trois grands luminaires sont suspendues des inscriptions qui, dans le cinquième voyage, consacré à la réflexion, appellent les méditations du Récip.·. sur les trois vertus par lesquelles on parvient au gr.·.

28. D. Puisque vous parlez de ces trois grands luminaires qui brillent dans les LL.·. d'App.·. et de Comp.·., quel en est l'objet?

R. Introduits dans les temples maçonn.·. comme signe de l'exaltation croissante du soleil, depuis le solstice d'hiver jusqu'à celui d'été, ils ne devraient y rester que pendant cette période, s'il n'y avait pas un autre rapport sous lequel on peut les considérer dans la seconde partie de la révolution annuelle (apparente) du soleil. Ils sont alors une allusion à l'élévation de notre atmosphère, et plus encore à l'espace prodigieux, mais calculable, qui nous sépare des autres planètes, éclairées comme la terre, par notre soleil, et à la distance incommensurable des étoiles, soleils innombrables qui fécondent certainement d'autres mondes. *

29. D. Qu'est-ce que l'étoile flamboyante ?

R. C'est le signe dominant du 2me gr.·. **

J'ai dit en commençant que la lettre G, inscrite au milieu de ses rayons, rappelle le Comp.·. à la pensée du G.·. A.·. de l'Un.·., à laquelle le triangle lumineux avait également rappelé l'Apprenti. Mais elle mène aux conséquences pratiques de cette belle idée : une étoile est souvent pour le voyageur un guide qui l'empêche de s'égarer dans les ténèbres. Ici, l'étoile flamboyante, au milieu des erreurs et des passions qui obscurcissent notre entendement, nous dirige vers le sanctuaire de la sagesse. Cela est vrai à la lettre; car on ne peut se mettre en présence de l'auteur

* C'est ici que le tableau par nous proposé note 9, p. 88, serait bien utile. Les maç.·. qui n'ont pas sur l'astronomie ces premières notions que tout homme doit posséder, y prendraient facilement, à l'aide de quelques explications, une idée nette du merveilleux et immense mécanisme de l'univers.

** Cette étoile devrait toujours être dans la L.·., à quelque gr.·. qu'on y travaille. Comme par le fait elle n'y est pas, du moins d'une manière saillante (note 10, p. 89), et qu'il est indispensable de la faire remarquer à l'Aspirant Comp.·., auquel on l'explique pour la première fois, elle est avec raison regardée dans ce gr.·. comme le signe principal.

et de la source de tout bien, sans se pénétrer de bons sentimens, sans s'affermir dans la vertu (*inspir.·. div.·.*, note 5, p. 84).

30. D. Quelle liaison y a-t-il entre les deux idées, celle de Dieu et celle de la géométrie, représentées par la même lettre G ?

R. Il y a entre elles une connexion très intime. L'univers, ouvrage du Gr.·. Archit.·., est un chef-d'œuvre géométrique, par la régularité de son vaste ensemble, que maintiennent des accidens passagers, qui nous paraissent des désordres ; il l'est encore par l'équilibre merveilleux qui règne entre toutes ses parties, grandes et petites, vivantes et inanimées. De plus, le noble enthousiasme, le détachement des biens terrestres et périssables, qu'inspire le principe religieux, ont leurs dangers s'ils sont portés à l'excès. Il faut donc joindre à ce principe l'esprit de mesure et de sagesse qu'indique la géométrie, et qui le retient dans le cercle de la raison.

Cette science, dont les procédés sont d'une exactitude rigoureuse, et conduisent à la certitude mathématique, est le type de cette géométrie intellectuelle *, d'après laquelle un homme

* Il existe une autre géométrie que celle qui se compose de lignes et de points, une géométrie intellectuelle. C'est celle-là qui est la première de toutes les sciences, c'est celle-là qu'il fallait savoir pour entrer dans l'école de Platon, le disciple de Socrate. Elle voit Dieu derrière le cercle et le triangle.

Cette science, en associant l'homme à la Divinité, et en lui donnant une immense idée de sa grandeur et de la perfection de son être, le dispose à bien penser et à bien agir. Cette métaphysique n'est alors qu'un chemin plus sublime pour arriver à la vertu. C'est ce que Platon appelait par excellence la *Science des Dieux*, et Pythagore, la *Géométrie divine*. CHATEAUBRIAND.

à la tête bien organisée, pense et raisonne avec justesse, s'est fait un plan de conduite fondé sur des théories exactes et certaines, les prend ponr règle de toutes ses actions, emploie toutes ses forces, *sans aller au-delà*, pour son bien et celui des autres, met enfin dans l'accomplissement de ses différens devoirs la ponctualité, l'ordre et l'harmonie qui font la vie telle que nous l'a destinée le Créateur, la vie sagement et utilement employée, sans être agitée par de folles passions, ou minée par la rouille de l'oisiveté.

31. D. Pourquoi y a-t-il dans ce temple un hoyau et un glaive ?

R. Le hoyau représente le premier des arts, l'agriculture *, le glaive, le courage et le dévouement du citoyen, qui défend la patrie, la liberté, l'ordre social, sa famille et lui-même.

32. D. Quel est le sens allégorique des autres instrumens, qui appartiennent à l'art de bâtir ?

R. Comme outils à l'usage des ouvriers, ils sont une allusion générale aux qualités et aux vertus qui servent à la construction de notre temple moral, et, pour parler sans figure, à notre pefection et à notre bonheur. Si nous les examinons chacun en particulier, le maillet indique la fermeté dans nos principes, et dans leur application à notre conduite. Il est aussi dans les mains des trois premiers Dignit.·., le signe du pouvoir qui leur est confié pour diriger les trav.·., et maintenir l'ordre parmi les ouvriers.

---

* Nous avions remarqué avec une pénible surprise l'absence d'un instrument de l'agriculture parmi les emblèmes du gr.·. Nous avons eu le plaisir de le trouver dans des cahiers Ecossais.

La truelle, avec laquelle on étend le ciment qui unit les pierres entr'elles, et en forme un tout compacte, désigne l'aménité, le liant que nous devons mettre dans nos relations, la politesse affectueuse du langage, si propres à maintenir la concorde et l'amitié entre les membres d'une L.·., à en faire une famille étroitement unie. Elle est encore un emblème de la bouche fermée sur les défauts de nos FF.·., du silence que la discrétion impose, de l'indulgence pour des fautes dont le coupable témoigne le repentir. De là est venu l'adage maçonn.·. *passer la truelle* sur un tort, pour dire qu'on le pardonne, qu'on l'ensevelit dans un profond oubli.

La règle, que j'ai portée lors de mon introduction et dans plusieurs de mes voyages, parce que, au moral, elle ne doit jamais abandonner le Fr.·.-Maç.·., la perpendiculaire, le compas, le niveau, l'équerre, employés dans un grand nombre d'applications de la géométrie, sont, sous une autre forme, de nouveaux signes de la régularité, des justes proportions, de l'aplomb et de la rectitude qui doivent distinguer nos actions et nos productions.

La pince, avec laquelle un homme soulève un poids bien au-dessus de ses forces, rappelle les bienfaits de la société, de la civilisation et des arts, qui font de l'homme, si faible dans l'isolement, un être tellement fort, qu'il devient le maître de la nature. C'est pour chacun de nous un avis de contribuer pour notre part, au maintien de l'ordre social et aux progrès de la civilisation.

AU SECOND SURV.·.

33. D. F.·. sec.·. Surv.·., que signifient les cinq voyages que vous avez faits ?

R. Ils sont une sorte de commémoration des cinq années que les initiés qui se consacraient au service du temple dans les anciens mystères, employaient à l'étude des sciences attribuées aux deux premiers grades, après quoi ils étaient admis au troisième degré, qui était le sacerdoce. Ces voyages peuvent rappeler aussi le noviciat de cinq années, qu'il fallait faire dans l'école de Pythagore *, et pendant lesquelles on ne pouvait qu'écouter et réfléchir. Ils indiquent par leur nombre et leur continuité, la persévérance avec laquelle il faut marcher dans la bonne voie quand on a le bonheur d'y être engagé.

34. D. Pourquoi se font-ils de l'ouest à l'est, et du sud au nord ?

R. C'est pour les maç.·. un avertissement qu'ils ont des FF.·. dans toutes les parties du monde, et qu'ils doivent voler à leur secours partout où ils en trouvent l'occasion. La marche un peu oblique du gr.·. donne la même leçon. Il ne faut pas craindre de se déranger, de faire des démarches de côté et d'autre, pour être utile à ses FF.·.

35. D. Qu'indiquent les quatre premiers voyages, dans lesquels vous avez porté des instrumens ?

R. Que le Comp.·. doit se livrer avec zèle et constance à la pratique de la maçonn.·. Il s'instruit ainsi, en donnant une attention sérieuse aux trav.·. dont il est témoin.

36. D. Et le cinquième voyage, dans lequel vos mains étaient libres ?

* Dans cette école célèbre il y avait aussi un système d'initiation en plusieurs degrés. La maç.·. lui a fait de nombreux emprunts, p. 18, 101 et 194, T. IV, *Encycl.·. Maç.·.*

R. Il marque le moment où le Comp.·., instruit par ce qu'il a vu et entendu, par ses lectures et ses méditations, peut donner lui-même d'utiles leçons à ses Frères. Se livrant au travail de l'esprit, il sonde le cœur de l'homme, et surtout le sien ; tous ses efforts sont dirigés vers la recherche de la vérité. Pour m'aider dans cette recherche, le Vén.·. a appelé mes réflexions sur la vérité elle-même, sur la connaissance de soi, et sur les trois objets qui forment la devise du gr.·., le travail, le zèle et la prudence.

37. D. Que représente le tableau qui vous a été montré ?

R. Un carré long, ayant à peu près la forme d'une Loge. Le haut marque l'est ; le bas, l'ouest ; le côté droit, pour l'aspirant placé au pied du tableau, le sud ; le côté gauche, le nord. A l'est, brillent le soleil et la lune, et entre ces deux astres, un peu au-dessous, l'étoile flamboyante. Les deux colonnes J et B s'élèvent à l'ouest ; entre ces col.·. un petit temple, dont le fronton est orné du JEHOVAH. On y monte par sept marches, à la suite desquelles est le pavé mosaïque. Le mot *beauté* est inscrit au-dessus du soleil * ; les mots *force* et *sagesse*, au-dessous des colonnes. Dans l'intervalle entre les points est et ouest, sont représentées l'équerre, la pierre brute, la pierre cubique à pointe, accompagnée du ciseau, la perpendiculaire, la planche à tracer, le niveau **.

---

* Une 3e Col.·. étant censée porter l'Et.·. Flamb.·. comme elle la portait réellement autrefois, il serait plus convenable que ce mot fût placé au-dessus de cette étoile.

** Des L.·. ajoutent avec raison la ruche à ces emblèmes. C'est en effet un de ceux qui conviennent le mieux à la Maç.·. (p. 68), et surtout à un gr.·. qui re-

La houpe dentelée, dont les deux extrémités touchent à l'ouest, borde le tableau des trois autres côtés.

38. D. Sans rappeler les emblèmes déjà expliqués, pourquoi représente-t-on dans les LL.·. le soleil et la lune?

R. Etant pour les habitans de la terre les plus remarquables et les plus intéressans de tous les astres, ils rappellent à notre admiration la magnificence des cieux, qui contiennent une infinité d'autres mondes. Le soleil est le signe de la v.·. lum.·. qui doit éclairer nos esprits, et du feu sacré qui doit échauffer nos ames. La lune, qui n'a qu'une lum.·. d'emprunt, pâle et incertaine, nous avertit de profiter des lum.·. que d'autres nous communiquent, mais de les recevoir avec discernement, et de ne les adopter qu'autant qu'elles sont conformes à la saine philosophie et à la morale pure dont la maçonn.·. est le foyer.

39. D. Qu'est-ce que le temple qui fait le fond du tableau?

R. C'est celui que Salomon a élevé au Dieu unique, tandis que la plupart des autres peuples étaient livrés à une grossière idolâtrie (*b*). Sous ce rapport, il a mérité d'être appelé le *Temple de*

---

commande expressément le travail pour le bien de tous et de chacun.

Nous regrettons que l'init.·. moderne n'ait pas conservé le *van* de l'ancienne, avec lequel l'agriculteur délivre son grain de la paille, de la poussière et des ordures. C'est un emblème clair et énergique du soin qu'il faut mettre à purger son cœur de tous sentimens peu honorables, son esprit, des erreurs et des préjugés, à distinguer la vérité du mensonge, à rechercher les bons et à fuir les méchans.

la Sagesse. Pour nous, ce n'est, comme il a déjà été dit, qu'une figure, qui nous invite à faire de nous-mêmes un temple où règnent les lumières et les vertus.

Sept degrés y conduisent : ce sont les qualités par lesquelles on parvient à la sagesse. Si le Comp.·., en montant les cinq premiers, a fortifié en lui les cinq qualités dont ils sont le symbole, savoir, de constans efforts pour s'améliorer, et l'amour du prochain (1er gr.·.), l'habitude du travail, le zèle et la prudence (2e gr.·.), il est près de la perfection ; il mérite de franchir les deux dernières marches, et de parvenir au sanctuaire.

Le pavé mosaïque, formé de pièces de différentes couleurs, unies par le même ciment, symbolise l'esprit de fraternité qui fait une seule famille de tous les Maç.·. des deux hémisphères, malgré la différence des races, des climats, des gouvernemens, et des opinions tant religieuses que politiques *.

AU 1er SURV.·.

40. D. F.·. 1er Surv.·., quel âge avez-vous comme Comp.·. ?

R.   *ans, Ven.·.* (C'est le même dans les deux rites.)

41. D. Quel est le sens de cette réponse ?

---

* Nous avons cru devoir donner la description exacte du tableau dont se servent les LL.·. de l'O.·. de Paris dans l'init.·. au 2e degré. Pour ne rien omettre, nous ajouterons que trois fenêtres figurent sur ce tableau, à l'est, à l'ouest et au sud. Mais elles ne sont point dans nos temples, et il n'en est question que dans les cahiers du rit Franç.·., qui expliquent l'absence d'une fenêtre au nord par une raison très contestable, et d'ailleurs sans portée : c'est que la lum.·. est plus faible vers ce point de l'horizon, ce qui a lieu également vers l'extrême sud. Aussi n'en disons-nous rien dans ce Catéchisme.

R. Que je suis un peu plus avancé que l'App.·. dans la voie maçonn.·., mais que j'ai encore du chemin à faire, et que je dois redoubler de travail, de zèle et de prudence pour obtenir des gr.·. plus élevés.

42. D. Où travaille le Comp.·. ?

R. *Sur la Col.·. et près du* 1er *Surv.·.*, qui a pour mission de le diriger et de le maintenir.

43. D. Sur quoi travaillez-vous dans ce gr.·. ?

R. *Sur la pierre cubique à pointe.*

44. D. Quel sens attachez-vous à cette réponse ?

R. Cette pierre servant à aiguiser les outils, est l'image de l'étude, de la réflexion, de l'ardeur à rechercher la vérité, à l'aide desquelles l'esprit humain aiguise pour ainsi dire son intelligence, lui donne de la vigueur et de l'étendue, et se perfectionne dans les sciences, dans les arts, dans la théorie et la pratique de la philosophie.

45. D. A quoi sert la planche à tracer ?

R. A plusieurs usages : elle sert au Secrétaire pour dresser le compte-rendu des Trav.·. de la L.·. ; aux Maîtres, pour composer des plans capables d'instruire les App.·., les Comp.·., et les autres Maîtres eux-mêmes ; à tous pour tracer le plan de ce qu'ils projettent, c'est-à-dire, pour y réfléchir avec maturité avant de le mettre à exécution, afin de ne rien entreprendre témérairement, rien que de bon et d'utile, et qui ait toute la perfection possible. Enfin, la personne même du Fr.·.-Maç.·. doit être pour ses FF.·. et pour les Prof.·., un tracé digne de leur servir de modèle, et qui ne leur offre que de bons exemples à suivre.

46. D. Quelles sont les dimensions d'une L.·. ?

R. A les prendre à la lettre, elles semblent, relativement à nos enceintes rétrécies, excessivement exagérées en longueur, largeur et profondeur. Les Col.·., que nous savons être les symboles de la sagesse, de la force et de la beauté, éternels attributs du G.·. A.·. et de ses ouvrages, sont censés être en bronze, pour marquer leur solidité, et d'une hauteur extrême *; dans le haut est un dais d'azur, parsemé d'étoiles. Il ne faut voir dans cette description que des figures qui se rapportent à ce qui a été dit (p. 22), qu'une L.·. est la représentation de la terre entière, qui est surmontée tout autour, de la riche draperie des mondes sans nombre que nous appelons le ciel; c'est-à-dire encore, qu'un des sujets les plus dignes des méditations de l'homme, c'est l'univers dans son immensité, et dans ses détails infinis.

47. D. Quelles sont les meilleures Col.·. d'un temple maç.·.?

R. Ce sont les ouvriers eux-mêmes, qui par leur travail, leur zèle et leur prudence, et en communiquant la lum.·. à de bons ouvriers comme eux, assurent la prospérité, la solidité et la perpétuité de leur temple.

Mots, Signes, etc., et Résumé.

48. D. A quoi reconnaîtrai-je que vous êtes Comp.·.?

---

* A-t-on voulu faire allusion à la grandeur des temples de l'Egypte? Le voyageur Paul Lucas fait la description des ruines d'un temple qu'il croit être du temps des Pharaons, bâti dans l'ancienne ville de Tentiris, une des moindres cités de ce pays. Ces colonnes pouvaient à peine être embrassées par huit hommes. D'après les proportions, elles devaient avoir près de cent vingt pieds de hauteur, compris la base et le chapiteau.

R. *A mes mots, signes et attouchemens.*

49. D. Quel est le signe de Comp.·. au rit Français?

R. Il se fait en deux parties comme celui d'App.·. le signe d'ordre et le salut.......

50. D. Quel est l'attouchement?

R. Le même que celui d'App.·., en ajoutant.......

51. Donnez le *mot sacré.*

R. Le Comp.·. épelle encore. Dites la première lettre, je nommerai la seconde. Le même mot que celui d'App.·. au rit Ecossais, et la même manière de le prononcer (p. 17).

52. Donnez le *mot de passe.*

R. S....... (on le prononce sans l'épeler).

53. D. Quelle est la batterie?

R. La même que celle d'App.·., en y ajoutant.......

54. D. Et la marche?

R. Par trois pas. . . . .

AU SECOND SURV.·.

55. D. F.·. sec.·. Surv.·., quel est le signe de Comp.·. au rit Ecossais?

R. Le même qu'au rit Français, en ajoutant au signe d'ordre. . . . .
. . . .

56. D. Quel est l'attouchement?

R. On pose. . . . .
. . . .

57. D. Quel est le *mot sacré?*

R. Le même que celui d'App.·. au rit Franç.·. (p. 15 et 16).

58. D. Quel est le *mot de passe?*

R. Le même qu'au rit Français.

59. D. La batterie?

R. Celle de l'App.·. Ecoss.·., en y ajoutant . .

. . . .

60. D. Et la marche ?

R. Par trois pas. . . . .

. . . .

61. D. Que signifie le signe de Comp.·. ?

R. Il a une signification analogue à celle du signe d'App.·., sauf qu'elle s'applique à une autre partie du corps.

62. D. Que veut dire le mot de passe ?

R. On l'interprète dans le sens de *nombreux comme les épis de blé*, par allusion aux maç.·. répandus dans les différentes parties du globe. * Il se rapporte encore au nombre infini de familles dont les travaux manuels assurent l'existence.

(Pour les mots sacrés, voir le sens, note 10, p. 90.)

AU 1er SURV.·.

63. D. F.·. 1er Surv.·., veuillez résumer les déductions essentielles à tirer du gr.·. de Comp.·.

R. De ce qui a été dit dans cette instruction, je conclus qu'il est d'une simplicité féconde en précieux résultats ;

Qu'il est le complément du premier, dont il confirme et développe les enseignemens par d'autres aperçus ;

Qu'il présente de nouveaux motifs et de nouveaux moyens de perfectionnement individuel ;

---

* Cette interprétation est généralement adoptée dans la maç.·., mais suivant les vocabulaires, le mot signifierait *charge, fardeau* : suivant Walter-Scott, *parole divine*. Dans le premier sens, il inviterait à supporter avec courage les charges de la vie, comme citoyen, comme père de famille, etc., et les malheurs qui peuvent survenir. Dans le second sens, il recommanderait d'être fidèle à la voix de la conscience, qui est la vraie parole divine.

Qu'il a une haute portée sociale, en honorant le travail et l'industrie, particulièrement l'industrie de l'agriculteur, du constructeur, du fabricant, du manufacturier, enfin tous les arts mécaniques;

Qu'il honore également le courage pour défendre sa patrie, ses frères et ses foyers;

Qu'il offre à la méditation et à l'intelligence de l'initié, presque tous les emblèmes de la maç.·. symbol.·.;

Que d'après ces considérations, il est une très bonne préparation à des degrés plus élevés, et qu'il mérite d'être conféré largement et solennellement, et non par simple communication.

La L.·. Isis-Montyon a de temps en temps des tenues spéciales, dites *d'instruction*, soit pour un gr.·., surtout quand il y a réception, et que la séance peut y être exclusivement consacrée, soit pour plusieurs. On y lit le Catéchisme, sauf à l'abréger s'il est nécessaire, et à la suite, on procède au tuilage général et aux interrogations, suivant ce qui est dit p. 23 et 24. Cet examen a lieu sur les deux rites, parce que la L.·. les possède. Il est bien entendu qu'il se fait sur un seul dans les Atel.·. qui n'en ont qu'un.

Questions fondamentales à faire sur le 2e gr.·.

Nota. Les courtes réponses imprimées en italique, doivent être rendues littéralement. Les tuileurs ont droit d'adresser ces questions à tout visiteur qui se présente : ils le doivent même, lorsqu'ils doutent de la qualité maçonn.·. du visiteur. Beaucoup de maç.·., qui n'ont pas la moindre connaissance des gr.·. dont ils sont revêtus, seraient plus empressés d'acquérir au moins les notions les plus élémentaires, si on les interrogeait avec plus de soin. C'est un devoir pour le second Surv.·. à l'égard des App.·. de la L.·., pour le 1er à l'égard des Comp.·., pour le 1er Expert et le Couvreur à l'égard des uns et des autres, de faire ces questions aux nouveaux reçus, jusqu'à ce que ceux-ci y répondent bien.

1°. Êtes-vous Comp.·.? (Q.·. 1)
2°. Où avez-vous reçu le 2e gr.·.? (3)
3°. Comment y êtes-vous parvenu? (5)
4°. Quel âge avez-vous? (40)
5°. Où travaillez-vous? (42)
6°. Sur quoi travaillez-vous? (43)
7°. A quoi reconnaît-on un Comp.·.? (48)

D'après la réponse, faire donner les mots, signes et attouch.·.

Dans leurs instructions aux App.·. et aux Comp.·., les Surv.·. ajoutent des questions sur le sens des principaux emblèmes.

CHAPITRE VI.

INITIATION AU GR.·. DE COMP.·.

§ I. *Caractères et spécialités de ce Gr.·.*

Le premier gr.·. donne lieu à un grand nombre d'instructions, la plupart directes et sans emblèmes, et qu'il est trop nécessaire de présenter à celui qui aspire à connaître la doctrine maçonn.·., pour qu'on les regarde comme une surcharge et une complication. Du reste, il est simple dans sa marche et dans ses cérémonies. Le second degré l'est encore plus, et n'embrasse pas un système de moralité aussi vaste. Il confirme par des préceptes de détail, et en insistant sur quelques-uns, les enseignemens généraux qui ont offert dans le premier un ensemble imposant.

Est-ce pour cela que trop souvent on le néglige, et qu'on se contente de le communiquer, comme s'il n'était qu'un degré assez indifférent, mais qu'il faut franchir pour arriver plus haut. Par cette conduite, on autorise le jeune maçon à prendre dès son début, une idée mesquine des gr.·. qui suivent le premier. C'est une faute, et en même temps une erreur. Le second en effet, dans sa belle simplicité, est le plus riche de tous en symboles; et ces symboles ont le grand mérite que leur sens allégorique s'offre tout naturellement à l'esprit, et qu'on n'a pas besoin pour l'expliquer, de faire de ces tours de force auxquels on est quelquefois réduit pour présenter certaines allégories sous un aspect qui satisfasse la raison. Il a en outre des spécialités fort importantes, et par ses nombreux emblèmes, il prépare au système plus mystérieux qui commence au 3ᵉ gr.·., et se développe dans les degrés suivans, jusqu'à ce qu'on arrive dans les plus élevés au dernier mot de la maçonnerie. Il mérite donc d'être conféré avec le plus grand soin, et de fixer l'attention non seulement des Néophytes, mais des maç.·. les plus avancés, auxquels leurs lumières et leur expérience y feront découvrir des considérations qui leur avaient d'abord échappé.

Ce gr.·. a-t-il quelque analogie avec le 2ᵉ deg.·. des anciens mystères? Il était dans ceux-ci, comme il est dans l'initiation moderne, le complément du premier. On y remarque le même but de moralité, de perfectionnement, d'insistance sur la doctrine présentée la première fois à l'initié, mais avec des caractères différens. Les prêtres d'Egypte cherchaient à le dégager de l'esclavage des sens pour le faire vivre de la vie de l'ame. Ils disaient que *l'initiation parfaite* (nom qu'ils donnaient au second degré) est la fin de la vie profane, où l'on ne s'occupe guère que d'intérêts matériels. L'amour du devoir, celui de la vertu, devaient prendre la place de toutes les passions dans celui qui, d'après la constance et la capacité qu'il avait montrées lors de sa première initiation, était jugé digne de la seconde. Or, comme l'intempérance est un des vices dont les suites les plus immédiates sont d'appesantir l'esprit, d'émousser l'intelligence, et de réduire l'homme à l'existence animale, et même au dessous, on lui apprenait par une diète rigoureuse et prolongée, à ne prendre d'alimens et de boissons qu'autant qu'il est strictement nécessaire pour la conservation du corps, et non dans la vue de jouissances sensuelles. Dire au peuple, comme ils le faisaient en lui montrant l'initié dans une procession pompeuse, que c'est *l'homme par excellence*, c'était proclamer que pour être vraiment homme, il faut que l'ame dirige le corps, et qu'on est descendu à la condition de la brute, quand c'est le corps qui commande à l'ame.

Notre maç.·., qui en faisant dans le 1er gr.·., une loi du perfectionnement moral, recommande la tempérance comme les autres vertus, a établi le second sur un autre ordre d'idées. Appuyant les principes qu'elle a présentés à l'App.·., elle éclaire son esprit, lorsqu'elle en fait un Comp.·., sur le sens des emblèmes, et particulièrement de ceux qu'elle a empruntés à l'art de l'architecture, allégorie fondamentale de l'initiation moderne, et tout-à-fait étrangère à l'ancienne. Delà le caractère dominant du gr.·., qui est d'honorer le travail, et spécialement le travail manuel, sauf à rendre plus tard un juste hommage aux productions du génie.

Nous savons combien d'autres applications ont faites à ce second degré de l'échelle maçonn.·. soit l'érudition, soit l'imagination, soit toutes les deux ensemble.

L'un, faisant une dissertation oiseuse sur l'unité et la triplicité, dit que Dieu est un et triple à la fois, parce qu'il se compose de l'infini, du fini, et de rapports avec le monde extérieur. Partant de là, il s'évertue à démontrer que la maçonn.·. se compose comme l'éternel, de l'infini, du fini et de rapports, et que le 2e gr.·. figure la variété, le fini. Quand tout cela serait vrai, à quoi sert, bon Dieu! cet imbroglio métaphysique? quelles lumières utiles fournit-il à l'esprit, ou quelles bonnes inspirations éveille-t-il dans le cœur, les deux conditions sans lesquelles toutes les thèses maçonn.·. ne sont que des mots? Nous aimons la métaphysique, comme l'érudition, pourvu qu'on n'en abuse pas, mais la métaphysique fondée sur des principes clairs et incontestables, dont on tire des déductions qui ne sont pas moins sûres, apanage des esprits solides et méthodiques, sorte de pierre cubique, sur laquelle ils aiguisent leur intelligence, et lui donnent une force nouvelle, et non cette métaphysique ténébreuse, qui ne s'appuie que sur le vague et les brouillards.

Un autre, plus intelligible et plus positif, compare le 1er gr.·. à l'adolescence, consacrée à la première éducation; le 2e à la jeunesse, qui se livre à l'étude et à la pratique d'une profession ; le 3e à l'âge viril, où l'on doit exercer sa profession en maître, c'est-à-dire avec habileté, avec une activité unie à la prudence, ce qui en assure le succès. Cette interprétation est plus raisonnable, et peut faire le sujet d'une bonne instruction. Cependant elle pèche en deux points au moins : elle autoriserait à penser que les gr.·. supérieurs représentent la vieillesse, ce qui serait une idée très fausse, objection également applicable à ceux qui comparent les trois premiers gr.·. aux trois premières saisons. Que font-ils de la quatrième ? les hauts gr.·. sont bien loin d'avoir de l'analogie avec l'hiver. En second lieu, le travail (ou l'activité) et la prudence, qui font partie de la devise caractéristique du Comp.·., sont aussi nécessaires dans l'âge viril que dans la jeunesse. Quand le Comp.·. en a acquis l'habitude, il doit la conserver dans les autres grades. L'enseignement qui résulte directement de la devise et des emblèmes, ne peut donc être rejeté dans le 3e, qui présente d'autres considérations.

Il est des maç.·. qui voient dans les trois gr.·. la naissance, la vie et la mort. L'analogie n'est bonne que pour le second, qui porte évidemment à la vie active. L'époque de la naissance est celle de la faiblesse, de la vie tout animale, de la négation d'activité, d'intelligence et de moralité. Or le 1er gr.·. veut qu'on soit fort contre ses passions, éminemment moral, réfléchi, ardent pour aider et secourir ses semblables. Qu'y a-t-il dans ces prescriptions de commun avec la nullité de l'enfance ? Le 3e figure la mort, si l'on veut ; mais nous verrons que la pensée de la mort n'y est que très accessoire, et pour amener un ordre d'idées bien plus intéressantes, et bien plus utiles dans la pratique. Et puis, encore une fois, que ferez-vous des hauts gr.·. avec cette interprétation ? Ils ne seront donc bons que pour la vie éternelle.

Celui-ci oubliant encore qu'il faut trouver un

système suivi dans une maçonn.·. en sept gr.·., dans une autre en 33, sans compter les rites qui en ont plus ou moins, voit dans le premier, la semence confiée à la terre, dans le sein de laquelle elle germe ; dans le second, la force et le développement que le germe acquiert, la plante qui charme les yeux, et donne de belles espérances par ses fleurs ; dans le troisième, les fruits que nous recueillons de la plante parvenue à sa maturité.

Celui-là, les trois degrés des lumières répandues dans la société : le premier enseigne l'unité de Dieu ; le second, la fraternité humaine, conséquence d'un Dieu unique, père de tous les hommes ; le 3e, la philosophie, qui éclaire l'esprit religieux.

Ces raisonnemens sont justes, considérés isolément et d'une manière absolue ; ils ne le sont pas si on les donne comme l'expression du caractère distinctif de chacun des trois grades. Dans le premier, les rituels insistent sur l'esprit de fraternité au moins autant que sur la foi en Dieu, et nous avons vu dans le Catéch.·. du 2e, le sens de l'étoile flamboyante et de la lettre G, ayant pour but par leur réunion, de porter à l'esprit religieux, et de le contenir dans des limites raisonnables. Dans le premier comme dans le 30e, on fait entendre que la religion doit être philosophique, et la philosophie religieuse. Qu'est-il donc besoin de chercher tant d'analogies arbitraires, et qui ont toujours un côté faux, tandis que les véritables se montrent clairement dans les emblèmes, dans les devises, dans les cérémonies, dans les bijoux de chaque grade. Ainsi le second étale aux yeux du Récip.·. et lui fait porter des instrumens de travail : donc il recommande spécialement le travail. Ces instrumens appartiennent aux travaux manuels : donc ce sont eux que la maçonn.·. veut honorer dans ce grade. Elle prouve par là combien elle est sage, combien elle est au dessus des préjugés d'un monde vaniteux et frivole, en commençant, dès qu'elle s'occupe de l'intérêt social, par payer son tribut d'admiration et de reconnaissance pour les premiers trav.·. auxquels l'homme s'est livré, et qui font vivre des familles sans nombre. (Q.·. 19, 20 et 21.)

Nous ne parlons pas des analogies astronomiques. Certains gr.·. donnent lieu sous ce rapport à des rapprochemens qui ne sont pas sans utilité. On a souvent occasion dans tous les gr.·. de parler des merveilles de la nature, et l'on ne peut choisir un plus beau sujet. Mais chercher à faire de toute la maçonn.·. un système exclusivement astronomique, c'est abandonner pour des théories d'érudition, pour des conjectures qui ne servent qu'à l'amusement de certains esprits, ce qu'il y a de vrai, de positif et d'utilité pratique dans une institution créée pour rendre les hommes meilleurs. Quelques dissertations de ce genre peuvent être bien placées dans la bouche des orateurs, pourvu qu'ils se fassent aisément comprendre, et qu'ils fortifient l'esprit religieux-philosophique, au lieu de l'affaiblir, effets de certains systèmes astronomiques pour bien des lecteurs, qui peut-être les comprennent mal. Tout ce qui éclaire et porte au bien, même sans avoir directement le caractère maçonn.·., est du domaine de l'orateur. Mais les présidens n'ont pas la même latitude pour la collation des gr.·. : ils ne doivent pas s'écarter de la doctrine fondamentale de ceux qu'ils confèrent

Dans l'initiation moderne, et dans le 2e gr.·. surtout, il y a deux caractères à distinguer : l'un matériel, qui dominait au 18e siècle (p. 91 et 92), et qui a donné lieu à certaines pratiques, formules et réponses qu'on est tenté de regarder comme puériles, quand on n'en connaît pas le sens figuré *; l'autre, intellectuel, celui de notre époque, où l'on ne conserve de la maçonn.·. matérielle que ce qui peut s'expliquer sous le rapport philosophique, moral, ou utilement scientifique. On aura pu remarquer dans notre Catéchisme, que nous avons supprimé ou modifié la partie matérielle qui ne se prête pas à cette condition d'une rigoureuse nécessité pour l'honneur de la maçonn.·. Du reste ces suppressions et modifications sont en petit nombre, et l'on reconnaîtra, nous l'espérons, que nous avons conservé, toujours l'esprit des cahiers, leur texte autant que la disposition actuelle des esprits nous l'a permis. Ce n'est pas nous, hommes du 19e siècle, qui avons fait la maçonn.·. : nous l'avons trouvée toute faite, et pratiquée telle qu'elle est, dans les deux mondes. Il y aurait donc trop de danger à essayer de la refondre, et cela d'ailleurs n'est nullement nécessaire. On peut désirer que quelques-unes de ses formes soient modifiées : elles l'ont déjà été sensiblement. Comparez les formes maçonn.·. du 18e siècle avec celles du nôtre : il y a entre elles l'immense intervalle qui sépare la matière et l'intelligence. Elles se modifieront encore sans secousse avec le temps, jusqu'à ce qu'elles arrivent à toute la perfection possible. Malgré les

* Telles sont, la demande d'une augmentation de salaire, la pierre brute et la pierre cubique, la bavette du tablier haute pour l'App.·., rabattue pour le Comp.·., etc.

modifications opérées, le fond est resté le même : c'est qu'il est excellent, c'est qu'il a pour base la nature, qui ne change pas, la vérité, qui est éternelle. Avec ce fond, il n'y a guère de formes qu'on ne puisse présenter de manière à le faire valoir. Il se trouve dans les gr.·. supérieurs comme dans les gr.·. symboliques. Toute doléance sur leur multiplicité est inutile aujourd'hui (p. 230 et 341). Ils existent, ils sont adoptés : il faut donc les conserver. Eux aussi recèlent une mine féconde : il faut l'exploiter ; il faut y développer ce qui n'y est pas toujours explicitement, mais ce dont ils contiennent le germe, une doctrine bien graduée, concordante avec celle des premiers, et qui soit le complément et le faîte du temple maçonnique. Les trois gr.·. symbol.·. peuvent rigoureusement suffire à la vie commune. Quand nous traiterons des gr.·. supérieurs, nous espérons prouver qu'ils offrent de dignes sujets de méditations aux esprits élevés, aux cœurs ardens pour le bien, pour le perfectionnement individuel et social. Là peut-être, à notre tour, nous serons obligé de faire de la science ; mais ce ne sera pas une science de vaine curiosité, une science conjecturale, comprise seulement par ceux qui en ont déjà beaucoup, et mal interprétée par ceux qui n'en ont pas : ce sera une science de faits, une science positive, facilement saisie par tous, profitable à leur esprit et à leur cœur, et dont ils ne pourront tirer que des conséquences confirmatives des bons principes qu'ils auront puisés dans les gr.·. symboliques. Telle est la science qui convient à la maç.·., et qui n'a rien de commun avec l'érudition inopportune et stérile *.

* « Notre mal est l'orgueil de l'érudition, a dit récem-

Nous ne prétendons pas qu'il soit impossible de créer des rites dont la gradation soit plus logique, plus conséquente et mieux harmoniée. Ils seront peut-être plus philosophiques et plus rationnels en apparence ; mais peut-être aussi ne conviendront-ils pas aux esprits de toutes les trempes, autant que nos rites actuels, avec leurs emblèmes et leurs formes mystérieuses, antiques et naïves. Il faudra en outre, pour que leurs sectateurs soient accueillis dans les Atel.·. qui couvrent le globe, qu'ils conservent les formes générales de la maçonn.·., d'où il suit qu'ils ne pourront guère offrir que des variations de détails. Il est plus sûr de perfectionner nous-mêmes ces détails, en gardant ce que nous avons.

Le 2e gr.·. est assez intéressant par lui-même, il fournit le sujet d'assez beaux développemens, pour qu'il soit conféré avec la simplicité que lui ont donnée les rituels, et qu'on regrette souvent de ne pas trouver dans les gr.·. qui le suivent. Conservons leur caractère aux deux premiers, qui n'ont rien de mystique, aucun esprit de secte, et qui ont éminemment le mérite que tous doivent avoir, et qu'il faut donner à ceux qui sembleraient en être privés, le mérite de pouvoir être conférés à tous les gens de bien, quelles que soient leurs opinions politiques et religieuses.

---

ment un homme spirituel et profond. On veut paraître savant, et l'on ne ménage aux lecteurs rien de ce qu'on a trouvé par de patientes recherches. L'érudition gâte l'histoire, qu'elle réduit aux minces proportions et aux causeries de la chronique et du genre anecdotique. » Elle gâterait la maçonn.·. si elle pouvait y prendre racine.

§ II. *Préparation du Récipiendaire*,

ET DISPOSITION DE LA L.·. POUR LA RÉCEPTION.

Pour préliminaire de tous les gr.·. à recevoir, l'aspirant doit être placé dans la chambre de réflexion, afin qu'il s'y dispose par le silence et le recueillement, et que se rendant compte des principes fondamentaux de la maçonn.·., et des caractères distinctifs du gr.·. ou des gr.·. qu'il a déjà reçus, il se mette en état de répondre aux questions qui pourront lui être faites, et de bien saisir la spécialité du gr.·. auquel il va être élevé.

On donne ordinairement au candidat dans certains gr.·., des questions à résoudre par écrit dans la ch.·. de préparation. C'est un fort bon usage qu'on ferait bien d'étendre à tous les gr.·. qui se confèrent séparément ou par séries. C'est un moyen de fixer l'attention de l'aspirant, au lieu de l'abandonner à de vagues rêveries, d'obtenir des réponses plus précises et plus réfléchies, et de rendre la réception plus intéressante et plus utile, en les discutant avec lui. Il est incontestable que le président, qui a toujours le droit de faire verbalement des questions lorsqu'il confère un gr.·., a celui d'en tracer d'avance par écrit, de plus ou moins difficiles à résoudre, suivant la capacité du Récipiendaire. Lorsqu'il y a plusieurs aspirans, il peut, à son choix, présenter des questions différentes à chacun, ou donner pour tous les mêmes, auxquelles il les charge de répondre, séparément ou en commun.

L'obligation imposée au Récipiend.·. de faire appuyer sa demande par le sec.·. Surv.·., est une conséquence du principe qui place l'App.·. sous la direction de ce Dignitaire, une mesure d'ordre, et un hommage rendu à la hiérarchie maçonn.·..

se conciliant très bien avec l'égalité. Dans les états les plus démocratiques, il y a nécessairement des magistrats. Elle n'est pas dangereuse en maç.·., l'autorité de magistrats qu'un scrutin secret peut renvoyer chaque année sur les col.·., sans discussion et sans secousse. L'effet de cette obligation est d'engager l'App.·. à l'assiduité, à l'étude de son gr.·., afin de mériter un bon témoignage de son chef. C'est encore avec raison que les rituels veulent que l'aspirant au Comp.·. subisse son examen en L.·. d'App.·., en présence de ses Frères, néophytes comme lui. Cet examen les instruit, et leur fait sentir la nécessité de se mettre en état d'en subir un pareil avec honneur, quand leur tour sera venu. Les rituels de presque tous les gr.·. recommandent expressément que l'aspirant à un gr.·. nouveau soit sérieusement examiné sur ceux qu'il possède. C'est réduire la maç.·. à des formes sans valeur, c'est l'avilir, que d'élever à un gr.·. celui qui ne connaît les précédens que par leur nom. On l'autorise à dédaigner l'Institution, à en rire, comme le font beaucoup de maç.·., qui sont parvenus aux plus hauts degrés sans pouvoir répondre sur les premiers. Ils ne craignent pas de dire que c'est leur argent qu'on veut, et qu'on a fort peu de souci de leur instruction. Voilà comme la maç.·. se déconsidère. On y est indifférent parce qu'on ne la connaît pas. Nous n'avons jamais rencontré cette indifférence dans ceux qui l'ont bien étudiée. Toujours au contraire nous avons remarqué que mieux on la comprend, plus on s'y attache. Il faut donc couper par la racine ce funeste abus. Le remède est facile, et dépend des Atel.·. et de leurs présidens.

C'est cette considération qui a déterminé la

L.·. et les deux Atel.·. supérieurs d'Isis-Montyon, à nous solliciter depuis plusieurs années, et avec des instances réitérées, de formuler en différens cahiers d'instruction, les données d'après lesquelles nous y avons conféré depuis près de quinze ans, tous les gr.·. jusqu'au 30ᵉ. Nous avons longtemps reculé devant ce travail, par la considération de ses difficultés, et par la crainte qu'il ne fût au-dessus de nos forces. Mais comment ne pas répondre aux désirs d'Ateliers qui ont mis tant de constance dans leur confiant attachement ? Ils avaient remarqué avec un véritable chagrin, que les instructions données dans les réceptions, sont fugitives, qu'elles échappent aux maç.·. de la meilleure volonté, qu'il n'y a d'autre moyen de les fixer que l'impression, qui permet d'étudier solitairement et à plusieurs reprises. Ils ont voulu que leurs membres, et, par suite, tous les enfans de la V.·. L.·. (car ils souhaitent le triomphe de la maç.·. dans tous les Atel.·. autant que parmi eux), connussent bien, d'abord, les réponses sacramentelles qu'ils ont à faire, réponses concises et en petit nombre, ensuite, le but de chaque gr.·., son caractère spécial, et, suivant leur zèle, les développemens, qui sont eux-mêmes aussi simples, aussi précis qu'il est possible, sans métaphysique, sans système scientifique, et par conséquent à la portée de tous. Avec le secours que nous offrons, quel maç.·. serait excusable d'aspirer à un grade nouveau sans avoir une idée nette de ceux qu'il a reçus ?

Nous sommes obligé d'entrer ici dans des détails qui peuvent paraître minutieux, mais qui acquièrent de l'importance d'après les déductions qu'on en tire. Les signes abondent dans ce gr.·. plus que dans tout autre, et donnent lieu à des interprétations remarquables par leur justesse et leur simplicité. C'est la *philosophie du bon sens en emblèmes*. Ces détails ne pourraient être négligés sans ôter au gr.·. son caractère spécial.

On a vu dans le Catéchisme, que le Récipiend.·. doit être présenté en L.·. avec une règle dans la main gauche, appuyée sur l'épaule, en costume d'ouvrier, et non en habit de ville, la bavette de son tablier haute, comme il convient à un Apprenti. Ces formes expriment bien et rendent plus sensible la spécialité du grade. Pour être plus fidèle au costume indiqué par les rituels, la L.·. Isis-Montyon a une demi-blouse, allant généralement à toutes les tailles, appelée *bourgeron*, telle qu'en portent la plupart des ouvriers, en bâtiment surtout. Elle en revêt le Récip.·., s'il est seul, et, s'il y en a plusieurs, celui qui est choisi pour subir les épreuves et les cérémonies de la réception, et qui marche en tête des autres. Elle a pour le même usage, un tablier en peau blanche, assez grand pour couvrir le corps, avec boutonnière à la bavette, afin de l'attacher, ce qu'on ne peut faire avec celui que l'on donne aux App.·., et qui n'est qu'un semblant de tablier. Nous avons dit (Q.·. 20) l'excellente leçon qui résulte de cet appareil d'emblèmes du travail, parmi lesquels le tablier n'est pas le moins expressif. Les trois bijoux du gr.·., l'équerre, la perpendiculaire et le niveau, pourraient être peints ou brodés au milieu.

La L.·. de Comp.·. doit présenter l'étoile flamboyante, de manière à frapper dès l'entrée, les yeux et l'attention du Récipiend.·., soit en remplaçant le triangle lumineux par cette étoile au fond de l'Or.·., comme le prescrivent les rituels *, soit en la plaçant dans un transparent sur le devant de l'autel, comme le font les LL.·. du Régime rectifié **. Si l'une et l'autre de ces dispositions éprouvent des difficultés, deux des petites Col.·. avec transparens, qui servent dans la promotion au R.·. C.·., pourraient être placées de chaque côté, en avant de l'Orat.·. et du Secrétaire. L'une porterait l'étoile flamboyante, et l'autre, l'initiale du mot sacré du grade. Puisqu'on a des symboles, il n'est pas indifférent de faire ressortir ceux qui tiennent le premier rang. L'étoile avec la lettre G est tellement propre au Compagnonage, que, indépendamment du transparent, les rituels recommandent encore de la peindre au plafond au milieu d'un ciel parsemé d'étoiles. Comme cela n'est pas possible dans des locaux loués, qui servent souvent à des réunions prof.·., nous avons indiqué note 9, p. 88, le moyen de la placer en évidence dans la sphère céleste, dont nous avons proposé de décorer les temples maçonn.·.

Les deux pierres, brute et cubique, doivent

---

* Cela est facile pour les Atel.·. qui disposent exclusivement de leur local, et ne s'obtient pas toujours dans les locaux tenus à loyer. Il en est de même des Col.·. que l'on annonce dans le Catéchisme des rituels, être creuses pour renfermer les outils. Cette destination est sans effet aujourd'hui, et n'a plus de signification. Elles devraient l'être au moins dans la partie où sont les lettres J et B, afin qu'on pût dans les deux premiers gr.·. éclairer la lettre de celui auquel on travaille. C'est le vœu très louable des rituels du rit français pour le 2e gr.·., et l'on a les mêmes motifs de le remplir pour le premier.

** Ce régime, appelé aussi *rit écossais rectifié*, est très répandu en Allemagne; il y en a quelques LL.·. en France. Il est au nombre de ceux que le G.·. O.·. administre.

être en réalité près des deux Surv.·., quoiqu'elles soient peintes sur le tableau, puisque le Candidat frappe sur l'une et l'autre dans le cours de la réception. Il en est de même de l'équerre, qu'il porte dans un de ses voyages.

§ III. *Réception.*

Lorsque le Récip.·. est introduit dans la L.·. de Comp.·. au rit Franç.·., il donne au Couvreur le mot de passe de l'App.·., ce qu'il ne peut faire au rit Ecossais, puisque le premier gr.·. de ce rit n'en a pas *. Il s'avance à l'ordre et par les pas d'App.·.

Le Vén.·. lui explique pourquoi il porte la règle : « Il la portera encore dans trois de ses prochains voyages : c'est qu'un maç.·. ne doit jamais s'en écarter. Sans elle on ne ferait rien de bon, ni dans les ouvrages manuels, ni dans les productions de l'esprit, ni dans la conduite de la vie. Le génie lui-même y est soumis, malgré ses élans, auxquels on applaudit quand ils sont heureux. Mais en tout, dans les arts et métiers, dans les sciences, dans la littérature, dans le raisonnement, dans le langage, dans les actes de la vie

* Un auteur maçon reproche au rit Français d'avoir adopté un mot de passe dans le 1er grade. Quel mal y a-t-il à cela? Il aurait pu avec plus de raison reprocher au rit Ecossais de ne pas en avoir. Le personnage que désigne ce mot, est le premier ouvrier en métaux dont l'histoire fasse mention. On lui attribue d'avoir trouvé le secr et de les fondre. Il est aussi regardé comme le père de la sculpture, vieille comme le monde, plus ancienne que la musique, que la peinture, plus ancienne peut-être qu'aucune langue, l'art presque unique des peuples primitifs. Il y a là un précieux symbole du travail et de l'industrie.

publique ou privée, il y a des règles qu'il n'est jamais permis de violer... »*

Il invite l'expert à prendre la règle des mains du Candidat, et à la déposer sur la table où sont les instrumens, à y prendre le maillet pour le lui remettre, et à le conduire devant le 2ᵉ Surv.·. pour qu'il batte la batterie d'App.·. sur la pierre brute.

Le Récip.·. étant de nouveau placé, et debout, en avant des deux Col.·., le Vén.·. l'instruit, ou essaie s'il saura dire pourquoi il a été introduit les yeux couverts d'un bandeau dans la première initiation, tandis que pour la seconde il a les yeux libres. (Q.·. 24.)

Il lui adresse des questions sur le gr.·. d'App.·., et autres qu'il juge convenables.

Il lui fait remarquer les faveurs qu'on lui accorde en abrégeant la durée de l'ancien noviciat, qui était, soit de cinq, soit de trois ans, pendant lesquels les néophytes ne pouvaient qu'écouter et réfléchir. « C'est pour les jeunes maç.·. un motif d'être modestes, et de bien étudier l'esprit de la maçonnerie. Aujourd'hui les lumières sont plus répandues, et les moyens d'en acquérir de nouvelles sont beaucoup plus actifs et plus nombreux qu'autrefois. Partout, et principalement dans les grandes villes, on a les livres, les journaux, les événemens politiques, les réunions de tous genres, les théâtres, quelquefois dangereux pour les esprits sans principes bien arrêtés, mais qui éveillent des idées nouvelles, et développent

* Ces trois points indiquent notre intention d'offrir aux Vén.·. de simples données, qu'ils étendent, resserrent, ou auxquelles ils en substituent d'autres à volonté. Il est bon de varier les instructions, surtout quand les promotions au même gr.·. sont fréquentes.

l'intelligence. Les objets d'arts frappent les yeux les moins attentifs; ils excitent la curiosité et la réflexion. Ces cités populeuses offrent le spectacle de toutes les vertus et de tous les vices. L'homme sensé s'instruit et s'améliore par les uns et par les autres : les vertus aiguillonnent son émulation ; les vices, et leurs suites funestes, le portent à s'en garantir. C'est d'après cette facilité à s'instruire, à compléter son éducation dans le monde, que le temps de l'apprentissage a pu être considérablement réduit, mais à la condition que le candidat prouve qu'il mérite un avancement aussi rapide.

Après ces préliminaires, le premier objet sur lequel le Vén.·. appelle l'attention du Récipiend.·., est l'étoile flamboyante, avec la lettre G, qu'elle contient. Il insiste sur les hautes considérations auxquelles ce symbole donne lieu. (Q.·. 29 et 30.)

Viennent les cinq voyages autour du tableau. Le Vén.·. explique chacun d'eux d'après les données fournies par les rituels, et que nous avons formulées dans le Catéchisme. (Q.·. 20, 21, 22, 23, 31, 32, 33, 34 et 35, tant pour les voyages que pour les instrumens.)

Dans le cinquième, où le Récip.·. ne porte aucun instrument, parce que le Comp.·. un peu avancé doit, dans la vie civile, étudier la théorie de son art, et, dans nos temples, se livrer plus que jamais au travail de l'esprit, à des réflexions sérieuses, à de hautes pensées, la L.·. Isis-Montyon a jugé utile de fixer son attention sur des sujets déterminés. Il est conduit d'abord au Vén.·., qui lui met un miroir devant les yeux. Qu'y voit l'aspirant? Les traits de son visage. Il est averti par là d'apprendre à connaître son intérieur aussi exactement que la glace lui réfléchit son image corporelle. « *Connais-toi* : ce précepte était inscrit en gros caractères au frontispice du temple le plus célèbre de l'antiquité, celui de Delphes, dédié au bel Apollon (rien n'est plus beau que la vérité), le dieu symbolique de la lumière.

» Cette sublime allégorie d'un temple magnifique consacré au représentant de la lum.·. physique et morale, et qui frappait les yeux et l'esprit de l'unique précepte de se connaître, vous apprend ce que c'est que la *V.·. Lum.·.*, dont on parle tant en maçonn.·. ; elle vous avertit que le principal sujet de l'étude d'un maç.·., c'est l'homme, c'est lui-même, c'est-à-dire qu'il doit réfléchir sur sa double nature, matérielle et spirituelle, sur ses facultés, sur ses penchans bons et mauvais, sur ses passions nobles, qu'il faut entretenir en les réglant, et sur celles qui le dégradent s'il a la faiblesse de s'y abandonner, sur ses rapports avec la création et avec son auteur, sur le rang élevé qu'il occupe parmi les êtres vivans, sur sa force pour le bien, quand il le veut, sur la pente rapide qui l'entraîne au mal quand le courage lui manque, enfin sur le but de son existence.

» Aidé dans ses réflexions sur ces graves sujets par les enseignemens qu'il reçoit dans nos temples, il possédera la V.·. Lum.·., il cultivera et développera les bons germes qui sont en lui, il étouffera les mauvais, il connaîtra bien ses droits, ses devoirs, et les moyens d'être réellement heureux, en faisant un bon et utile emploi de la vie. Telle est notre philosophie, telle est notre religion. L'une est inséparable de l'autre dans la maç.·., qui a su, par la combinaison la plus heureuse, établir entre ces deux grands instrumens de la moralité humaine, une alliance qu'on ne trouve aussi simple, aussi parfaite, dans aucune institution des temps anciens et modernes. Pour posséder et pratiquer cette philosophie religieuse, il n'est pas nécessaire d'être savant. Il ne faut, comme on vous l'a dit dans votre apprentissage, que du bon sens et de la bonne volonté.

» On vous a recommandé aussi la recherche de la vérité : on vous en fait ici une loi plus formelle en vous présentant le miroir, qui en est l'emblème reconnu depuis bien longtemps. C'est déjà être fort avancé dans la découverte de la vérité, que de se connaître soi-même. Mais il faut la posséder en tout, particulièrement dans ce qui a pour nous l'intérêt le plus direct. Recherchez la vérité physique, en étudiant la nature dans tous ses ouvrages, votre propre organisation, qui est un mécanisme admirable, mis en mouvement par le souffle divin, mais que vous affaiblissez et détruisez par les excès. Recherchez la vérité morale et religieuse, en consultant votre raison, en suivant les bonnes inspirations de votre cœur. Ce n'est pas sans motifs que le gr.·., par un de ses signes, lui fait un appel. C'est par le cœur qu'un homme vaut réellement plus qu'un autre; c'est du cœur que viennent les bonnes pensées et les bonnes actions, la noblesse des sentimens, la délicatesse des procédés, le dévouement à son prochain, de toute condition, de tout pays et de toute couleur, à la patrie, à la famille, à une autre grande famille, la maçonn.·., qui veut unir et qui unira tous les peuples par les doux liens de la fraternité, de la tolérance et de l'éternelle raison. Malheur à l'homme qui a le cœur sec! C'est un cadavre, qui a le mouvement, mais non la vie; c'est pis encore s'il a le cœur dépravé. Conservez le vôtre dans sa pureté, dans sa candeur native. S'il a des replis, c'est l'égoïsme, ce sont les passions qui les y ont formés pour s'y glisser et prendre l'empire sur les bonnes inspirations. Sondez souvent ces replis en présence de celui qui a mis dans votre cœur l'amour du juste, de l'honnête et du beau. Vous trouverez la force pour en chasser tout désir, tout projet que votre cœur bien inspiré n'approuverait pas.

» La vérité pure n'est pas dans telle ou telle secte religieuse ou philosophique : elle est dans la conscience du genre humain tout entier. Les opinions, en petit nombre, mais qui sont des principes féconds en conséquences applicables à toutes les situations, les opinions sur lesquelles tous les peuples et tous les siècles se sont accordés, sont vraies : elles sont la voix de la nature, et par conséquent, de Dieu. Tout ce qui est conforme à la dignité de l'homme, favorable à son perfectionnement, à son bonheur bien entendu, c'est la vérité. Tout ce qui le rabaisse, le corrompt, l'asservit, nuit à la grande famille, c'est l'erreur, c'est le mensonge.

» Observez que chez les anciens et les modernes, le miroir n'est qu'une partie de l'emblème de la vérité, qu'il est présenté par une femme nue, qui charme les yeux par les grâces de la jeunesse et de la beauté. C'est que la vérité ne souffre pas de voiles, c'est aussi parce que chaque découverte que l'on fait dans la recherche de la vérité, procure un plaisir délicieux. On l'a placée au fond d'un puits : hélas! elle est souvent persécutée, et obligée de se bien cacher. Il y a encore là un autre avertissement, c'est qu'on ne la découvre pas sans de courageuses recherches... »

Après ces considérations, ou d'autres de ce genre, le Vén.·. présente à l'aspirant une autre face du miroir, qui lui défigure entièrement les traits; en les alongeant outre mesure sous un aspect, les acourcissant sous un autre, et les montrant sous un troisième, très obliques. « C'est, lui dit-il, l'emblème du vice, du mensonge et de l'erreur, qui altéreraient la beauté de votre ame, et obscurciraient votre entendement si vous n'étiez sur vos gardes. Savez-vous ce que c'est que le démon, le mauvais génie, qu'admettent presque toutes les institutions religieuses? C'est le symbole de cette trinité hideuse, que je viens de nommer : nous sommes réellement possédés *du démon* lorsque nous lui avons laissé prendre de l'empire sur nous. Elle pervertit le meilleur naturel, elle le détourne du bien, le pousse au mal, elle égare, elle étouffe même la conscience, qui est notre bon génie, notre ange gardien. Ecoutez celui-ci, combattez sans cesse l'autre, qui est votre ennemi le plus dangereux, et qui rôde continuellement autour de vous *... »

Le Récipiend.·. continue son voyage, et s'arrête successivement devant les trois grands luminaires, à chacun desquels est l'inscription d'un des trois mots de la devise du gr.·.

Au premier candélabre, près de l'O.·., est inscrit le mot TRAVAIL.

---

* C'est d'après la même idée, mais sous la forme d'une autre allégorie, qu'un auteur moderne caractérise les vices qui entraînent à des jouissances sensuelles, coupables ou excessives : « On a vu à Paris des lions, des panthères et des tigres domptés par les Carter et les Van-Amburgh. Il y a une autre bête bien plus féroce que ces terribles hôtes, qu'on a rendus dociles en les énervant. Chacun porte avec soi *sa bête féroce*, qu'il est difficile de museler

« C'est la loi de toute la nature, rien ne se conserve que par le mouvement et l'activité. Tous les êtres qui ont la vie, soit animale, soit même végétative, sont soumis à cette grande loi. Les premiers travaillent pour se procurer leur subsistance, un grand nombre, pour y ajouter un abri. Les plantes travaillent pour tirer de la terre et de l'atmosphère les élémens nécessaires à leur développement. Les eaux, l'air, presque toutes les substances, ne se conservent que par le mouvement. Les mondes roulent dans l'espace, et leurs soleils tournent sur eux-mêmes. Pourquoi l'homme seul, dont l'ame et le corps ont reçu du créateur des facultés si actives, serait-il exempt de cette loi universelle? On a osé dire qu'il est *condamné au travail*. Erreur funeste qui a fait laisser tant de terres incultes, empêché tant de perfectionnemens, produit tant de mendians et de voleurs dans les pays où elle était le plus répandue, erreur qui n'a pu être accréditée que par la paresse vaniteuse, abhorrant le travail pour elle-même, et le méprisant dans les autres! Non, l'obligation du travail n'est pas un châtiment. Elle est une heureuse nécessité de l'ordre physique et moral, et de l'organisation de l'homme : l'oisiveté est en effet pour lui le plus accablant de tous les fardeaux, la situation la plus contraire à sa santé, à sa moralité. Elle l'entraîne dans tous les vices, tandis que Dieu, suivant la belle expression,

---

et d'aprivoiser, c'est le démon des sens. « Si le *mauvais démon* vous excite au mal, réfugiez-vous aux autels, disait le très ancien législateur Zaleucus. De son temps on désignait ainsi le penchant vicieux, mais on ne l'avait pas encore revêtu d'une image corporelle, hideuse, effroyable. (Génie du bien, génie du mal, p. 191.)

d'Hésiode, a donné le travail pour gardien à la vertu. Il lui a réservé à cet égard un rôle sublime, un rôle bien digne du roi de la nature sur ce globe. Est-ce sans dessein qu'il lui a livré brute la terre et tout ce qu'elle contient, l'a fait naître brut lui-même? En ne lui donnant que des matériaux, n'a-t-il pas voulu qu'il les mît en œuvre? ne lui a-t-il pas clairement révélé qu'il a pour mission de perfectionner ce qu'il a sous sa main, et lui particulièrement? Qu'il augmente donc par l'exercice de ses facultés, son intelligence et ses talens; qu'il profite de tout ce qui peut l'instruire, le rendre meilleur, plus habile dans sa profession; qu'il cultive la terre pour la féconder et l'embellir; qu'il fasse servir aux besoins et aux commodités de son existence, les animaux et la matière insensible. Les entrailles de la terre et les abymes de la mer, la surface de l'une et de l'autre, les monts sourcilleux et les cavernes profondes, les lacs et les fleuves, des matériaux sans nombre et de tous les genres, des substances qui en contiennent d'autres, tout est à sa disposition; mais il faut du travail pour les extraire, il en faut pour les modifier et les mettre en œuvre, pour en tirer du profit, du contentement et de la gloire. C'est par ces travaux, variés à l'infini, que la famille humaine vit, se conserve, se perpétue, assure le bonheur de tous et de chacun... » *

---

* L'opinion qu'on a du travail dans les Etats-Unis, et de la considération qu'il mérite, est une des principales causes de la prospérité à laquelle ils se sont rapidement élevés. Non seulement on l'y honore, mais tous s'y livrent ceux mêmes qui n'en ont pas besoin, dans la crainte d'être mal famés s'ils n'employaient leur vie qu'à vivre

La seconde inscription près du 1er Surv.·. porte le mot ZÈLE. « Sans zèle, pas de progrès, pas de persévérance, on se borne à la routine, on ne perfectionne rien. Le moindre obstacle, la plus légère contradiction, font abandonner ce qu'on avait d'abord entrepris avec ardeur, ou produisent une indifférence à la suite de laquelle viennent la langueur et l'avortement. (Pour le zèle en maçonn.·., se reporter à ce qui est dit p. 68)... »

La troisième inscription près du Sec.·. Surv.·. fait un appel à la PRUDENCE.

« Cette vertu, combinée avec le zèle, le retient dans les justes limites d'une activité réglée; elle l'empêche de s'égarer, de céder à la fougue d'une imagination qui rêve des impossibilités, de se jeter dans des entreprises téméraires au-dessus de ses forces et de ses moyens. La prudence conduit à la modération en toutes choses, particulièrement à la tempérance, dont les anciens mystères donnaient une sévère leçon dans l'initiation parfaite, qui était leur second degré... »

Cette addition au cinquième voyage n'est pas dans les rituels : aussi est-on bien libre de l'adopter ou de la changer. Cependant elle n'est pas une innovation. D'abord, le Régime rectifié présente le miroir au Récip.·. à peu près dans la même but que nous, sans toutefois le développer autant *. En second lieu, l'addition entière est dans l'esprit du voyage, qui veut qu'après

---

* Ce rit consacre le 2e g.·. à la tempérance, et le premier à la justice. Il entend sans doute que la justice, qui rigoureusement se borne à ne pas faire de tort, ne se sépare jamais chez le Fr.·.-Maç.·., de la charité qui porte à faire du bien. Il est juste en effet d'aider son semblable.

les trav.·. manuels, on se livre à la reflexion. Or, quels sujets plus convenables peut-on offrir ici aux méditations de l'Aspirant, que les trois vertus qui sont la base de la moralité du gr.·. et l'application à l'un des préceptes les plus généraux de la maçonn.·., celui qui a pour objet la recherche de la vérité? Les inscriptions dans les LL.·. sont d'un bon effet, et il n'est pas rare qu'on y emploie ce langage, qui, pour être muet, n'en est quelquefois que plus expressif.

Après les voyages on passe à l'explication des figures du tableau, qu'un louable usage a introduit dans la réception malgré le silence des rituels, puis à celle des instrumens qui n'y sont pas représentés, mais qui sont sur la table, le hoyau, le glaive, etc. Nous en avons donné les élémens dans le Catéchisme. Ils se prêtent à des développemens que le Vén.·. étend et varie à son gré. (Se reporter aux renvois indiqués p. 141.)

Lorsqu'il a consacré le Comp.·., il lui rabat la bavette de son tablier, en lui disant pourquoi (Q.·. 23), lui communique les mots, etc., l'envoie aux deux Surv.·., dont le premier le fait frapper en Comp.·. sur la pierre cubique.

Le nombre 5 est affecté à ce gr.·. comme celui de 3 au premier. Il s'y retrouve sous des formes multipliées, qui font partie de la réception, et que le Comp.·. retient facilement sans que nous les récapitulions ici. Nous nous contenterons de mentionner les cinq signes dont la distinction et l'explication ne nous ont pas paru assez importantes pour être consignées dans le Catéchisme * : le signe *vocal*, pour demander la

* C'est par le même motif que nous n'y avons pas placé la question sur le lieu où les Col.·. furent fondues, à la

parole ; le *guttural*, celui de l'App.·. ; le *pectoral*, du Comp.·. ; le *manuel*, pour l'attouchement ; le *pédestre*, pour la marche. Parmi les nombreux emblèmes matériels, on en signale cinq comme principaux, quoique d'autres aient la même valeur symbolique, le maillet, le ciseau, le compas, la règle et l'équerre. Nous avons dit Q.·. 39, pourquoi le Comp.·. ne monte que les cinq premières marches du temple. Si les Vén.·. jugent à propos de faire remarquer au Récipiend.·. le rôle du nombre 5 dans le 2e gr.·., ils peuvent ajouter ces détails aux autres circonstances dans lesquelles il figure (*c*).

Nous terminerons par une observation sur le serment. Dans ce gr.·. on ne demande au Récip.·. que l'engagement de la discrétion, et il en est à peu près de même dans tous les autres. Il

---

quelle on répond : *Dans la plaine du Jourdain*. Il y a un sens raisonnable dans l'explication du bronze dont elles sont censées composées, comme emblème de l'éternelle solidité des lois de la nature, qui sont la base de la doctrine maç.·. ; mais le lieu où elles ont été fondues ne nous intéresse guère aujourd'hui.

D'après de vieux rituels, on demandait où est située la L.·., et l'on répondait *dans la vallée de Josaphat*. Le chroniqueur ajoute que d'autres faisaient la réponse suivante : « Dans une grande vallée, où jamais coq n'a chanté, *femme n'a babillé*, lion n'a rugi, en un mot, où tout est tranquille comme dans la vallée de Josaphat. » Expres-pressions figurées, dit-il, pour marquer la concorde et la paix qui règnent dans les assemblées maçonn.·., et le soin qu'on prend d'en exclure les femmes. Sans discuter ici la question de savoir s'il est bon d'admettre les dames, quelquefois au moins, dans nos temples, on reconnaît dans l'expression peu galante du motif de leur exclusion, le pays où elles quittaient et quittent encore souvent la table à la fin du repas, pour laisser les hommes boire à l'excès et causer en liberté.

semblerait d'après cette insistance presque exclusive, que la maç.·. a de terribles secrets, qu'elle est bien intéressée à cacher. Cela n'a jamais été vrai à l'égard des obligations morales qu'elle impose, et ne l'est plus, quant aux opinions religieuses, dans les contrées en grand nombre où la tolérance est établie, soit par les lois, soit par les mœurs. Nous pensons donc qu'il serait bon d'ajouter au serment de discrétion, l'obligation d'être fidèle aux prescriptions spéciales de chaque grade. Ainsi le Comp.·. devrait promettre de ne jamais perdre de vue, dans ses pensées et dans ses actions, l'étoile flamboyante et la lettre G, d'honorer le travail, l'industrie, tous les arts et toutes les professions qui contribuent au bien-être social, de s'étudier lui-même pour se corriger de ses défauts, et se fortifier dans la vertu, de s'attacher en tout à la vérité, d'estimer les autres, non d'après leur éclat extérieur, mais en raison de leur mérite personnel et de leur utilité, d'aider ses frères, et de donner dans sa vie civile comme dans sa vie maçonn.·., l'exemple du travail, du zèle et de la prudence.

NOTES DU CAHIER DE COMPAGNON.

a, p. 107. — Système Symbolique.

Pour traiter à peu près complétement ce sujet, il faudrait un livre entier, qui serait pour les maç.·. aussi utile que curieux. On peut dire en effet, que sous le rapport théorique, la maç.·. est la *science des symboles*. Ils sont désignés sous des noms divers, dont le sens est le même au fond, et ne se distingue que par quelques nuances.

Emblème, image d'un objet qui représente une chose à l'œil, et une autre à l'esprit, comme le niveau, signe de l'égalité.

Allégorie, discours ou tableau offrant dans la réunion de plusieurs objets un sens moral. Exemple : tableau du Châtiment au pied boîteux, poursuivant de loin le coupable, et finissant par l'atteindre.

Fables et Paraboles, récits qui donnent de salutaires leçons d'une manière détournée. La Bible et l'Evangile sont remplis de paraboles. David ravit Betsabée à son époux, brave officier, qu'il expose à la mort pour s'en délivrer. Nathan lui reproche son crime par la parabole d'un homme riche en troupeaux, et qui a enlevé l'unique brebis d'un pauvre. Le roi se hâte de condamner le ravisseur, et le prophète n'a plus qu'à lui appliquer le jugement que le prince vient de prononcer contre lui-même sans le savoir.

Enigme, exposition d'une chose naturelle en termes obscurs et métaphoriques, auxquels le proposant donne un sens particulier, qu'il n'est pas facile de trouver. Telle fut celle du sphinx : il demandait quel est l'animal qui marche sur quatre pieds le matin, sur deux à midi, et sur trois le soir. Il fallait deviner qu'il entendait par le *matin*, l'enfance de l'homme, se traînant sur ses quatre membres ; par le *midi*, sa jeunesse et sa virilité, qui n'ont pas besoin d'appui, et par le *soir*, sa vieillesse, qui se sert d'un bâton comme d'un troisième pied. Les énigmes étaient fort en vogue dans le moyen âge, et l'on peut dire que ce sont des *bagatelles difficiles*, peu dignes d'occuper les esprits sérieux.

Type (modèle). Le triangle est le type de la perfection divine. Hercule était le type de la force physique, Apollon, de la puissance intellectuelle, employées toutes deux à l'avantage de la société. Beaucoup de personnages, de faits merveilleux, présentés comme historiques, et que la crédulité adopte comme réels, ne sont que des types. On les appelait aussi des *mythes* (emblèmes mystérieux).

Hiéroglyphes, méthode de peindre les idées par des figures d'animaux, de plantes, etc. C'est la première de toutes les écritures, celle qui a précédé les caractères de l'alphabet. Les prêtres d'Egypte l'ont conservée pour leur doctrine mystérieuse, lorsque l'alphabet étant connu, les peuples eurent perdu le sens de l'écriture symbolique primitive. Ils y ont sans doute beaucoup ajouté, et pour la rendre plus respectable, ils lui ont supposé une origine divine. De là son nom, qui signifie *écriture sacrée*.

L'emploi des symboles remonte aux premiers âges, le langage a commencé par eux. Comme il n'était pas d'abord riche en mots, on était souvent obligé, pour faire comprendre ses idées, de montrer ou de rappeler des objets sensibles. Les livres religieux, les ouvrages philosophiques les emploient pour enseigner la morale. Les mythologies ne sont qu'une suite d'emblèmes. Ils abondent dans toutes les langues : un homme est fin, rusé, c'est un serpent ; un autre s'abrutit par l'excès des plaisirs grossiers, c'est un pourceau. Ces expressions figurées ont produit les fables des hommes changés en bêtes. Elles donnent à beaucoup de nos proverbes et adages populaires, une forme piquante, qui les fait saisir et retenir facilement. L'expression *garder une poire pour la soif* démontre à l'instant et avec une énergique concision, la nécessité de l'économie et de la prévoyance pour l'avenir.

Ce qu'on appelle *dogmes* ou *mystères* dans les institutions religieuses, ce sont des symboles qu'on peut ramener à un sens naturel. Aussi les maç.·. instruits ne les tournent pas en dérision, sachant que sous ces voiles sont cachées des vérités sur Dieu et ses attributs, sur l'homme ou sur la nature. Cette persuasion est le fondement inébranlable, non seulement de leur tolérance, mais encore de leur respect pour tous les cultes ; c'est pour cela qu'avec une si haute et si heureuse intelligence, ils les ont encadrés tous au milieu de leur houpe dentelée, qui doit finir par être l'emblème sacré de la paix religieuse, et le lien de tous les peuples.

L'utilité des symboles en général ne peut être contestée ; mais sous le rapport religieux, ils ont eu des suites funestes. La multitude, accoutumée à contempler avec vénération, des objets qui n'étaient que des signes d'idées, les confondit avec ce qu'ils signifiaient : elle en fit des Dieux. Ainsi naquirent presque toutes les superstitions qui ont frappé d'imbécillité une grande partie du genre humain, et trop souvent l'ont exaltée jusqu'à la fureur exterminatrice. Nous examinerons dans un autre ordre de Gr∴, si l'initiation ancienne, qui a rendu tant de services à la civilisation, n'est pas coupable d'avoir accrédité ces erreurs parmi le vulgaire, ou du moins de ne pas avoir cherché à l'en guérir (voir p. 268 et 287).

Heureusement les symboles de la maç∴ sont à jamais garantis d'un pareil danger, d'abord par les lumières répandues dans les classes nombreuses de toutes les nations civilisées, ensuite, parce que, simples et naturels, ils représentent des idées qui ont le même caractère, et non des idées mystiques. Au lieu de porter à la superstition, ils sont propres à en éloigner, et ne peuvent qu'affermir dans les ames les principes de la philosophie la plus saine et la plus bienfaisante.

b, p. 117. — Idolatrie. — Salomon.

Qu'est-ce qu'un idolâtre? D'après le sens littéral du mot, ce serait celui qui adore des images. Mais l'homme le plus superstitieux, en se prosternant devant une statue, adresse sa prière à la divinité qu'elle lui représente, et non au bois, à la pierre, au métal dont elle est composée. Il ne faut donc entendre par idolâtres que ceux qui invoquent de faux Dieux. Cette erreur a été très répandue, mais pas autant qu'on l'a dit.

Outre que la plupart des peuples qui admettaient plusieurs Dieux, n'en reconnaissaient qu'un suprême, auquel les divinités secondaires étaient soumises, ce qui dans la réalité leur ôtait le caractère divin, l'idolâtrie s'est toujours bornée aux multitudes ignorantes. Partout, en effet, il y a eu deux doctrines, une pour le vulgaire, une autre pour les initiés, et pour ceux qui, sans être initiés, consultaient les lumières de leur raison. Le Grand Jupiter, dont le nom, qui signifie *père du jour*, pouvait être adopté par la philosophie, était pour tous les hommes instruits le Dieu unique, qu'ils dépouillaient de ses formes corporelles, pour voir en lui un pur esprit ; toutes les autres prétendues divinités n'étaient à leurs yeux que les symboles de ses attributs. La double doctrine règne aujourd'hui dans le monde plus que jamais.

Le temple de Salomon n'étant aussi pour nous qu'un symbole, nous pouvons l'admettre *sans imposer comme sans gêner aucune croyance*, et nous avons peu à nous inquiéter de son fondateur et des détails du célèbre édifice. Ce roi, d'abord nommé *Jédidiach* (aimé de Dieu), fut ensuite appelé *Salomon* (pacifique), sans doute parce qu'il profita de la paix dont il jouit, pour bâtir le temple avec d'autres monumens, et fonder des villes. Le jugement qu'on lui attribue pour découvrir la véritable mère d'un enfant que deux femmes se disputaient, prouve qu'il connaissait bien le cœur humain, et particulièrement celui d'une mère. Ce jugement lui valut une grande réputation de sagesse. ainsi que son livre *des Proverbes*, d'un style simple, clair, naturel, qui, sauf quelques bizarreries et des répétitions, contient de bons préceptes. Il se livra aussi à l'étude la plus digne d'un sage, celle de la nature : la Bible rapporte qu'il composa des traités sur toutes les plantes et tous les animaux, ouvrages qui ne sont point parvenus jusqu'à nous.

Mais il oublia ses propres maximes, et s'abandonna aux vices. Ses déréglemens nous apprennent que les grandes richesses corrompent les plus sages, et que l'homme vertueux ne se conserve tel que par une vigilance continuelle sur lui-même. Ses états furent partagés après lui, et le peuple Hébreu divisé n'alla plus qu'en s'affaiblissant, jusqu'à sa dispersion. C'est l'accomplissement de l'ordre providentiel, de la loi constante qui amène la décadence et la ruine des nations et des familles, à la suite des désordres et des crimes. Ainsi, que l'on considère Salomon comme personnage historique, ou comme type, sous le rapport du bien ou du mal qu'on cite de lui, il nous fournit d'utiles enseignemens.

c, p. 150. — Doctrine des Nombres.

Si la science des nombres est, comme toutes les branches des mathématiques, une science réelle, exacte et très utile, ce qu'on appelle la doctrine des nombres, auxquels les faux savans, les charlatans, les cabalistes et les diseurs de bonne aventure attribuent une vertu qu'ils ne peuvent avoir, ne repose sur aucune base positive, puisqu'ils n'ont par eux-mêmes aucune réalité. Toute d'imagination, elle se prête aux applications les plus arbitraires. Dans le moyen âge, où l'on ne connaissait guère qu'une science de mots, on avait une vraie superstition pour les nombres. Tout est dans les nombres, disaient les érudits de ces siècles. Ils auraient été plus près de la vérité s'ils avaient dit que les nombres sont dans tout ; car toutes les choses de ce monde se comptent. Gardons les nombres dans la maç.·., puisque nous les y avons ; mais n'y voyons, comme les anciens initiés, que des symboles. Ils en distinguaient quelques-uns comme sacrés, suivant l'importance des objets dont ces nombres leur rappelaient l'idée. Ainsi, *l'unité*, racine des nombres, était pour eux le symbole de Dieu, de qui tout émane, du soleil, unique pour notre monde planétaire; lequel vivifie la terre et les autres corps dont ce monde est composé. Le nombre *deux* réveillait en eux la pensée de la puissance et de la sagesse divine, de la double nature, spirituelle et corporelle, de l'homme, du bon et du mauvais principe, des deux astres, dont l'un est le flambeau du jour, et l'autre celui de la nuit. *Trois,* caractérisait l'harmonie, la parfaite régularité, qui se manifeste par le triangle. Par une interprétation un peu subtile, ils considéraient *cinq* comme l'emblème mystérieux du mariage, parce qu'il réunit *deux,* premier nombre pair, et *trois*, premier impair, l'unité, qui mathématiquement n'a point de parties, passant moins pour un nombre que pour le générateur des nombres : aussi était-ce le nombre favori de Junon, qui présidait aux mariages. *Sept* était en grande vénération dans tous les systèmes et dans toutes les sectes, probablement à cause des sept planètes, les seules alors connues. Il figure sous toutes les formes dans les mythologies, dans la bible, l'apocalypse, les catéchismes religieux, la distribution du temps, les phases de la vie humaine, etc. Il serait trop long, et ce serait une érudition inutile, de détailler toutes les applications de ces nombres, et surtout du ternaire, et de ses multiples 9 et 12, ainsi que du septénaire. Comme ces nombres simples sont tous impairs, à l'exception du binaire, les anciens disaient : *numero deus impare gaudet,* Dieu aime le nombre impair. Les maç.·. l'aiment aussi. Ce qu'il y a de plus simple et de plus juste à leur dire sur la progression 3, 5 et 7, attachée aux gr.·. symb.·., c'est qu'elle est pour eux le type des progrès qu'ils ont à faire dans la science maç.·., et dans la pratique des vertus qu'elle recommande (voir p. 334).

www.ingramcontent.com/pod-product-compliance
Ingram Content Group UK Ltd.
Pitfield, Milton Keynes, MK11 3LW, UK
UKHW021602260726
13993UKWH00002B/999

9 782329 459820